审图号：琼S（2019）107号
编　制：海南南海大洲文化发展有限公司（66298555）

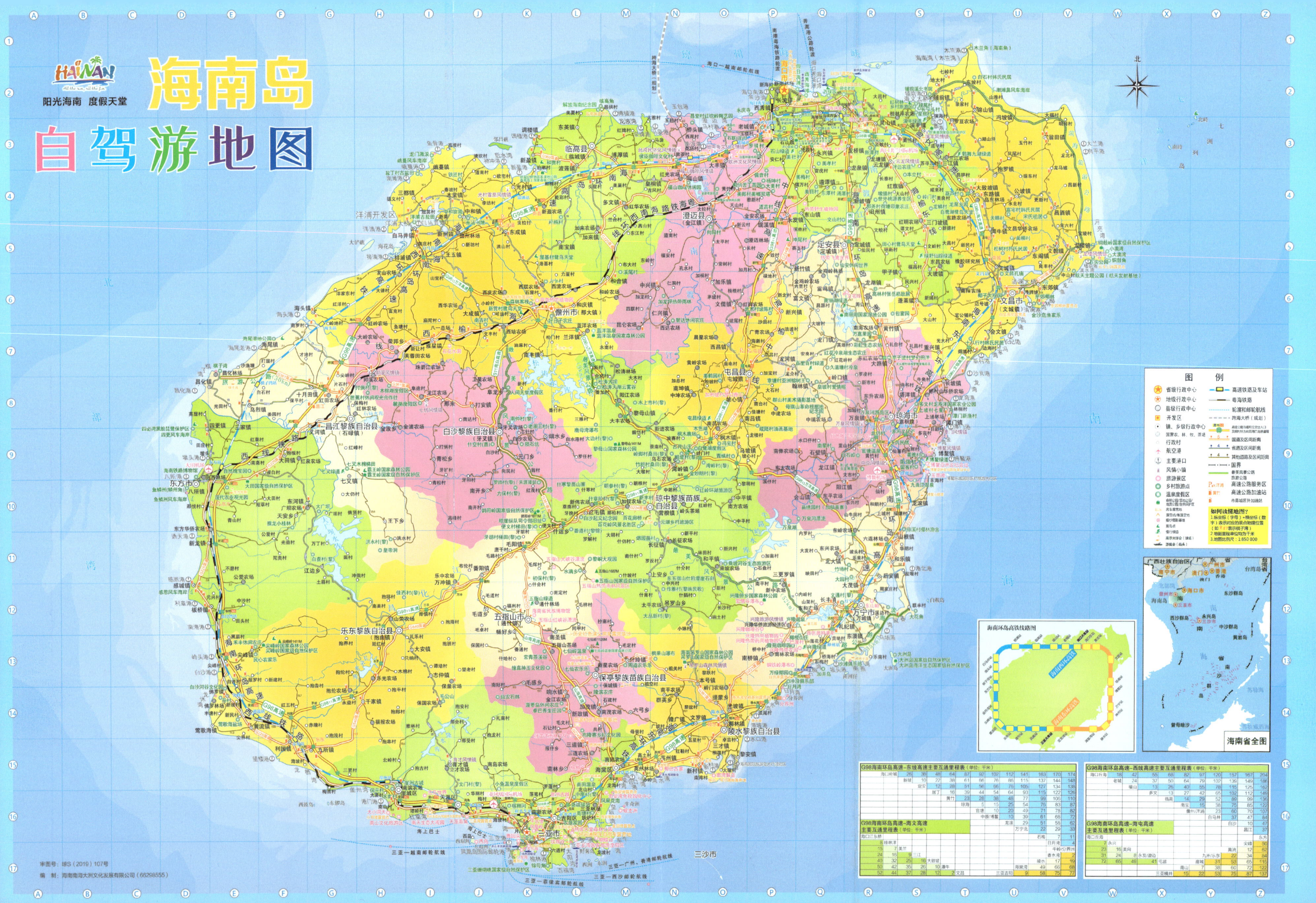

G98海南环岛高速–东线高速主要互通里程表（单位：千米）													
海口府城		26	36	48	64	87	92	102	112	141	163	170	174
		新坡	10	22	38	61	66	76	86	115	137	144	148
			定安	12	28	51	56	66	76	105	127	134	138
				居丁	16	39	44	54	64	93	115	122	126
					黄竹	23	28	38	48	77	99	106	110
						琼海	5	15	25	54	76	83	87
							官塘	10	20	49	71	78	82
								中原/博鳌	10	39	61	68	72
									龙滚	29	51	58	62
										万宁北	22	29	33
											石梅	7	11
												日月湾	4
												牛岭/分界洲	
												香水湾	2
											陵水	17	19
										海棠湾	49	66	68
								三亚吉阳		9	58	75	77

G98海南环岛高速–海文高速主要互通里程表（单位：千米）

海口江东桥						
8	桂林洋					
15	7	美兰				
24	16	9	三江			
40	32	25	16	大致坡		
50	42	35	26	10	潭牛	
52	44	37	28	12	2	文昌

G98海南环岛高速–西线高速主要互通里程表（单位：千米）										
海口丘海	18	42	55	68	82	97	120	157	167	204
	老城	24	37	50	64	79	102	139	149	186
		福山	13	26	40	55	78	115	125	162
			多文	13	27	42	65	102	112	149
				临高	14	29	52	89	99	136
					南宝	15	38	75	85	122
						儋州/洋浦	23	60	70	107
							白马井	37	47	84
								白沙	10	47
									昌江	37
										东方
									尖峰	50
								黄流	12	62
							九所/乐东	22	34	84
						崖城	31	53	65	115
					南山	7	38	60	72	122
				三亚桶井	15	22	53	75	87	137

G98海南环岛高速–海屯高速主要互通里程表（单位：千米）

海口丘海				
7	永兴			
23	16	美向		
31	24	8	永发/澄迈	
72	65	49	41	屯昌

审图号：琼S（2019）107号
编　制：海南南海大洲文化发展有限公司（66298555）

哇爱噜 Wa Ai Lu

海南旅游

完美指南

黄学坚 主编

海南出版社
·海口·

图书在版编目（CIP）数据

海南旅游完美指南 / 黄学坚主编. -- 海口 : 海南出版社, 2019.10(2022.7 重印)
ISBN 978-7-5443-8939-6

Ⅰ. ①海… Ⅱ. ①黄… Ⅲ. ①旅游指南—海南 Ⅳ. ①K928.966

中国版本图书馆 CIP 数据核字（2019）第 240845 号

海南旅游完美指南
HAINAN LÜYOU WANMEI ZHINAN
黄学坚 主编

出 版 人：王景霞
策划编辑：袁保华 林 静 欧大伟
责任编辑：桂书方
执行编辑：曹 戈
装帧设计：黄学斌
地图绘制：黄学斌
封面摄影：封 烁
插　　画：唐文江 邢澜兰 许大海
排　　版：海南南海大洲文化发展有限公司
出　　版：海南出版社
地　　址：海口市金盘开发区建设三横路 2 号
邮　　编：570216
网　　址：www.hncbs.cn
电　　话：0898-66814230
印　　刷：海南嘉豪椰城画册印刷有限公司
版　　次：2019 年 10 月第一版
印　　次：2022 年 7 月第三次印刷
开　　本：787mm×1092mm 1/16
印　　张：12.25
字　　数：200 千字
书　　号：ISBN 978-7-5443-8939-6
定　　价：38.00 元
审 图 号：琼 S（2019）107 号

哇爱噜
Wa Ai Lu

海南，北纬 18°。

海南是中国唯一的热带岛屿省份，也是中国最受欢迎的热带滨海度假胜地。海南四季无冬，阳光充沛，空气清新，水质纯净，堪称人间天堂、南海明珠。作为拥有我国最大海洋面积和第二大陆地面积的岛屿省份，海南拥有 3.54 万平方千米的陆地、约 200 万平方千米的浩瀚海域，有 600 余个如点点繁星散布在海南本岛四周的岛、礁、滩和沙洲。此外，海南还有绵延 1 944.35 千米的海岸线、68 处美丽的港湾、81 座海拔千米以上峻挺的山峰、170 多万亩国家森林公园、70 多处天然温泉……

2018 年 4 月 13 日下午，习近平总书记在庆祝海南建省办经济特区 30 周年大会上郑重宣布，党中央决定支持海南全岛建设自由贸易试验区，支持海南逐步探索、稳步推进中国特色自由贸易港建设，分步骤、分阶段建立自由贸易港政策和制度体系。2020 年 6 月 1 日，中共中央、国务院印发了《海南自由贸易港建设总体方案》，并发出通知，要求各地区各部门结合实际认真贯彻落实。在“一带一路”倡议提出的背景下，海南迎来经济发展的新契机。海南正在依托国家给予的政策优势，努力成为全省人民的幸福家园、中华民族的四季花园、中外游客的度假天堂、国际旅游的消费中心和世界一流的海岛休闲度假旅游目的地。

海南用蓝天、白云、阳光、大海和森林欢迎和拥抱着每个拥有不同肤色、来自不同地域的朋友。

哇爱噜（Wa Ai Lu），这是海南话中的“我爱你”的意思。海南爱你们——来海南旅游的客人，希望你们也能爱上海南。

简称 琼

别称 椰岛

省会 海口市

区号 0898

省花 三角梅

省树 椰子树、黄花梨

人口 2020 年末全省常住人口 1 008.12 万人。其中，黎族约有 154 万人，占比约 16%。

了解海南，从本书开始

对游客来说，无论来海南旅游的形式有什么不同（如背包、自驾、骑行），或来海南的目的有什么不一样（如度假、商务、文体、科教、会展、比赛、医疗、旅居），本书都是一本非常合适的导览。若是通过旅行社参加“机＋酒”自由行、定制游、跟团游，也可以从本书开始了解海南。

本书章节分为久久不见久久见 久久见了还想见、学讲几句海南话 走遍全岛都不怕、官方热线 实时攻略、交通出行 智能购票、自贸港新政、精华海南 特色体验、全景海南 山海览胜、邮轮旅游。其中，“交通出行 智能购票”介绍如何到达海南及在海南出游可以采用的交通工具；“精华海南 特色体验”介绍海南的吃、住、玩、购、医、养、节等相关资讯，为游客制订海南旅游计划提供帮助；“全景海南 山海览胜”详细推荐海南各地美食、商业和娱乐设施、旅游点及其攻略，为游客在海南出游提供向导；“邮轮旅游”介绍了西沙游、越南游、菲律宾游。

根据海南的交通便利程度及自助游习惯，多数游客飞抵位于北部的省会海口或南部中心城市三亚后便就地入住酒店，再以这两个城市为中心在其市域范围内或周边旅游，我们把本书的旅游点按照区域划分为：海口旅游、北部旅游、三亚旅游、南部旅游。在此基础上，我们把每个区域的旅游点按照不同特性进行区分：景点、漂流、游船、乡村、慢行绿道、最美公路。同时我们还为读者推荐必去景点（打卡）、最佳出行方式（公交、自驾、骑行）。

需要说明的是：限于篇幅，本书内容未能涵盖海南吃、住、行、游、购、娱六大要素。旅游点方面，仅精挑细选了深受自助游游客喜爱，同时安全规范、交通便利且具有一定规模的旅游景点和乡村旅游点；酒店方面，仅推荐了度假区内按照五星级标准建设的酒店（个别度假区因酒店数量少而例外）。

（注：国家评定旅游景点的标准按照级别由低到高分为 1A、2A、3A、4A、5A，海南省评定乡村旅游点的标准按照级别由低到高分为 1 椰、2 椰、3 椰、4 椰、5 椰。）

本书第一大亮点：扫描吉祥物“椰子”，不但可以了解旅游点实时的门票价格、开放时间、演出时间、联系方式等，还可通过微信购买优惠门票。第二大亮点：提倡绿色出行、智能出游，提供了交通出行、城市娱乐、免税购物等消费项目的相关微信公众号、app，特别提供了海口和三亚（包括三亚周边）主要旅游点的详细公交班线。第三大亮点：提供了手绘和自驾两种地图，前者把旅游资源形象化，让读者一目了然；后者不仅标注了详尽的交通数据，方便乡村自驾游，而且提供了旅游点的经纬坐标，与书中旅游点相互对应，方便读者查找位置。

本书作为一本自助游指南，采用书面语和口语兼有的写作风格，在保证权威的同时不失生动。鉴于网上信息量庞大丰富，具有碎片化的特点，实际信息与不实信息并存，本书力求做到言简意赅，去伪存真，给读者提供最权威的海南旅游资讯。

国家海岸·海棠湾

海棠湾被定位为“国家海岸”，将以建设世界级的旅游休闲度假区为目标，成为国家品牌，承载国家热带滨海旅游形象。海棠湾是海南仅次于亚龙湾拥有最多高档度假酒店的海湾，融酒店、餐饮、购物、水乐园以及水族馆为一体的综合性娱乐度假目的地亚特兰蒂斯酒店在海岸线上高耸入云，三亚国际免税城、潜水胜地蜈支洲岛、“神州第一泉”南田温泉、水稻国家公园等是海棠湾标志性景点。

目录

久久不见久久见 久久见了还想见

历史

在五千年前的新石器时代，生活在长江以南的古百越人的一支骆越人划着独木舟和竹筏，登上了当时还荒无人烟的海南岛，建立了原始母系氏族公社。他们是黎族人的祖先，也是海南岛最早的居民。两千多年前，秦始皇统一六国后，海南岛被视作秦的边陲，归属广西象郡管辖。

1950 年 5 月 1 日，海南岛全岛解放。1988 年 4 月 13 日，七届全国人大一次会议正式批准海南建省、办全国最大的经济特区。2010 年 1 月 4 日，国务院发布《国务院关于推进海南国际旅游岛建设发展的若干意见》。2018 年 4 月 13 日，党中央决定支持海南全岛建设自由贸易试验区，支持海南逐步探索、稳步推进中国特色自由贸易港建设，分步骤、分阶段建立自由贸易港政策和制度体系。

海南省辖 19 个市县。海南人口以汉族居多，黎族是人口最多的原住少数民族，依次还有苗族、回族等世居民族。中国历史上频繁的朝代更迭，直接影响到海南人口和民族的变化，历史上主要迁入海南的人群是逃难族群、流放贬官、戍边驻军、官府移民、官员商贾等。海南解放后，南下转业干部、军垦农垦建设人员、归国难侨、下乡的知识青年及建省后迁居人员成为海南有史以来最大的移民群体，使海南成为多民族的移民地区。

地理

海南省位于中国最南端，行政区域包括海南岛，以及西沙群岛、中沙群岛、南沙群岛的岛礁及其海域。北以琼州海峡与广东省划界，西隔北部湾与越南相对，东面和南面在南海与菲律宾、文莱、印度尼西亚和马来西亚为邻。

海南岛地处北纬 18° 10'—20° 10'，东经 108° 37'—111° 03'。海南岛北部琼州海峡宽约 18 海里，是海南岛与大陆之间的“海上走廊”，也是北部湾与南海之间的海运通道。岛北的海口市距越南的海防市约 220 海里，从岛南的三亚港至菲律宾的马尼拉港航程约 650 海里。

气候

海南是我国最具热带海洋气候特色的地方。全年暖热，雨量充沛，干湿季节明显，台风活动频繁，气候资源多样。海南岛年日照时数为 1 750—2 550 小时，年平均气温为 23°C—26°C，全年无冬。全岛降水充沛，年平均降水量在 1 600 毫米以上，东多西少，中部和东部相对湿润，西南部沿海相对干燥。降水季节分配不均匀，冬春雨少，夏秋雨多。

热带气旋等级国家标准

名称	底层中心附近最大平均风速	风力
热带低压	10.8—17.1 米 / 秒	6—7 级
热带风暴	17.2—24.4 米 / 秒	8—9 级
强热带风暴	24.5—32.6 米 / 秒	10—11 级
台风	32.7—41.4 米 / 秒	12—13 级
强台风	41.5—50.9 米 / 秒	14—15 级
超强台风	≥ 51.0 米 / 秒	≥ 16 级

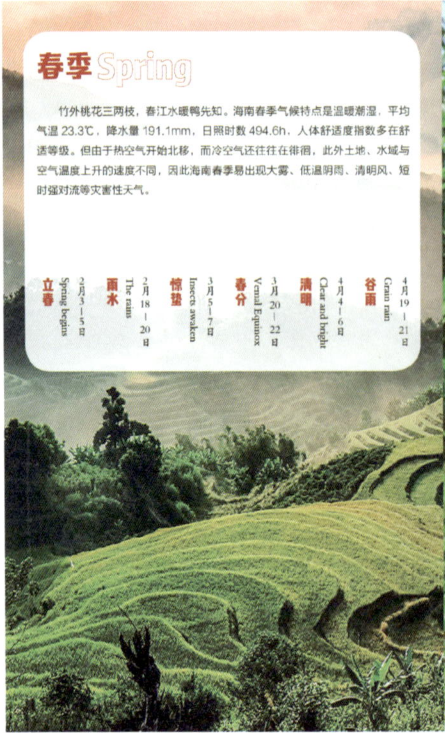

春季 Spring

竹外桃花三两枝，春江水暖鸭先知。海南春季气候特点是温暖潮湿，平均气温 23.3℃，降水量 191.1mm，日照时数 494.6h，人体舒适度指数多在舒适等级。但由于热空气开始北移，而冷空气还往往在徘徊，此外土地、水域与空气温度上升的速度不同，因此海南春季易出现大雾、低温阴雨、清明风、短时强对流等灾害性天气。

立春 Spring begins 2月3—5日
雨水 The rains 2月18—20日
惊蛰 Insects awaken 3月5—7日
春分 Vernal Equinox 3月20—22日
清明 Clear and bright 4月4—6日
谷雨 Grain rain 4月19—21日

夏季 Summer

稻花香里说丰年，听取蛙声一片。夏季是许多农作物旺盛生长的最好季节，海南部分地区受西南季风影响，气候相对稳定，充足的光照和适宜的温度给植物提供了生长所需的条件。但是在赤道附近的海洋上会形成热带气旋，海南每年夏季平均受到 3.3 个热带气旋影响，同时海南夏季也易出现短时强对流、暴雨、雷暴等灾害性天气。

立夏 Summer begins 5月5—7日
小满 Grain buds 5月20—22日
芒种 Grain in ear 6月5—7日
夏至 Summer solstice 6月21—22日
小暑 Slight heat 7月6—8日
大暑 Great heat 7月22—24日

最佳游季

海南一年四季都是旅游的好去处。海南纬度低，光照好，雨水多，茂密的植物和环绕的海洋昼夜调节着这里的气温。在南部，即便在冬天最冷的日子，只要天气晴朗，一样可以下海游泳。

但有三种情况需要注意：

一是夏秋的台风季节。每年 5 月至 11 月（特别是 8 月至 9 月），会有数个台风登陆海南岛，受影响最大的地区是东部沿海的文昌、琼海、万宁一带。台风带来的影响一般会持续三四天，八九级甚至十二级以上的大风挟带暴雨，往往导致飞机、高铁、市域列车、客运班车、轮船停运。

二是琼州海峡冬春时节的大雾。琼州海峡的大雾多发于 1 月和 2 月，如果前期受北方冷空气影响造成海水温度较低，后期又吹偏南风带来暖湿气流，海水温度和气温差异过大就会产生雾气。一般来说，海面能见度小于 1 000 米时，海事部门就会下达停航通知，海口所有港口的客货运输都会停止。

三是大型节假日的前后一周内。春节、五一、十一、元旦等节日期间，来海南的人潮也如台风一般，届时会面临飞机无票、酒店无房、交通拥堵、景区拥挤等诸多问题，平时商家的优惠折扣没有不说，旅游各环节的美誉度和游客的体验感也会大大下降。

学讲几句海南话 走遍全岛都不怕

在海南，对年龄稍大的，男的可以叫“阿叔”，女的可以叫“阿姨”，不要觉得难为情，对爷爷奶奶辈的则敬称“阿公”“阿婆”。如果去海南人家里做客，对同事、朋友甚至女朋友的父母亲，就随他们的子女称呼“老爸”“老妈”，肯定哄得他们高兴(当然，你和海南女孩结婚了也是延续这样的称呼，因为海南人对上年纪的人也尊称“老爸”“老妈”)。对比自己年龄小的小伙子称呼“小弟”，比自己年龄小的小姑娘称呼“小妹”“阿妹”，带着几分亲近、几分呵护，保证办事比谁都方便。尤其是对“阿妹”们要舍得用赞美之词，比如夸她们长得很漂亮，像某某明星，肯定会得到更加热情的对待。此外，我们常常听到海南人称从海峡对岸来的人为“大陆人”，这没有什么贬义，仅表示地域和文化上的区别。

海南的方言种类多，主要使用的方言有 10 种。其中海南话使用最广泛，多数人都会讲。在不同地方，海南话的语音和声调有所不同，一般以文昌人的语音为标准口音，所以海南话也被称为“文昌话”。还有一点很重要，海南话和闽南话非常接近，如果会说闽南话就很容易学习海南话了。当然，海南还有儋州话、临高话、黎族话、苗族话、回辉话等，这些话多数海南人也听不懂、不会说。到海南旅游，我们收获的不仅是视觉盛宴、美食享受，别忘了，还有我们刚学会的几句好听又可爱的海南话（文昌话）。

普通话和海南话（文昌话）日常用语对照表

普通话	海南话（音译）	普通话	海南话（音译）
我爱你	哇爱噜	海口	海好
你好	鲁侯	三亚	单阿
谢谢	哆哆	车站	瞎单
早上好	打啾侯	打的	pa dei
对不起	dui bo hi	算账	哈调
吃饭	加没	酒店	jiu dian
喝粥	加逗	饭店	moi dian
去三亚多少钱	胡单阿瓦多急	机场	gi dio
一斤多少钱	ya gin wa duo ji	海鲜	海西
你在做什么	鲁多眯	水果	dui goi
我去吃饭啦	瓦乎加没拉	好的	多哩
你说什么	鲁供眯类	喝水	佳堆
一二三四五六七八九十	呀诺达滴奥拉西逼搞达	小妹	a mui

官方热线
实时攻略

海南旅游服务热线：12301
海南旅游官网：www.explorehainan.com

阳光海南网　微信公众号

航空问讯

海口美兰国际机场：0898-65760114
三亚凤凰国际机场：0898-9612333
琼海博鳌机场：0898-36860114
海南航空公司：95339
中国南方航空公司：95539

环岛高铁动车问讯

中国铁路：12306

粤海铁普速列车问讯

海口火车站：0898-31686222
三亚火车站：0898-31887222

港口问讯

海口南港：0898-31686888
海口秀英港：9693666
海口新海港：9693666
广东徐闻北港：0759-6530999

汽车问讯

海汽客服热线：0898-66668855
海口汽车总站：0898-66825921
海口汽车东站：0898-65230337
海口汽车西站（省际总站）：0898-68658128
海口港口客运站：0898-68655079

各市县汽车站问讯

三亚汽车站：0898-88252656
文昌汽车站：0898-63221392
琼海汽车站：0898-62822327
万宁汽车站：0898-62222256
陵水汽车站：0898-83322264
定安汽车站：0898-63823495
屯昌汽车站：0898-67812813
琼中汽车站：0898-86222704
五指山汽车站：0898-86622857
保亭汽车站：0898-83662623
澄迈汽车站：0898-67621830
临高汽车站：0898-28284323
儋州汽车站：0898-23327166
白沙汽车站：0898-27724026
昌江汽车站：0898-26622821
东方汽车站：0898-25523778
乐东汽车站：0898-85593996

交通出行 智能购票

海南岛并不是一座孤岛，有多种方式可以上岛，海口、三亚、博鳌是进出岛的三个口岸城市。

海口是海南航空、海运、公路、铁路的交通枢纽，交通最为便利，开通了与广东徐闻、广西北海之间的客滚船海上航线，运营琼州海峡客运、汽车轮渡和火车轮渡，是多数游客进入海南的首站。三亚与国内外 130 多个城市开通了直航，并且通过粤海铁路，经过海口与全国铁路大动脉相连，三亚凤凰岛国际邮轮港还与国外多个邮轮港建立了航线联系，越来越多的游客把三亚当作旅游度假的目的地。琼海博鳌机场是海口、三亚两地机场的有效补充，已开通至国内 20 多个城市的航线，将被打造成为海南岛东部旅游目的地机场。

环岛高铁是海南岛环岛旅游最便捷的交通方式，这条中国乃至全世界第一条环岛高铁营运里程达 653 千米，覆盖海南 12 个市县，实现了全岛同城。

海南岛是全国高速公路最密集的省份。截至 2020 年底，海南高速公路总里程达 1 255 千米，形成了“田”字形高速公路网。海南已建成的高速公路包括了海口至三亚的东、中、西线高速，海口至文昌的海文高速、文昌至琼海的文琼高速、万宁至洋浦的万洋高速（“丰”字形高速公路第二横）、五指山经保亭至海棠湾的山海高速、儋州至白沙的儋白高速。海南除三沙市外，18 个市县“县县通高速”已经成为现实。此外，海南还在加快推进“丰”字形路网第一横 G360 文昌至临高 185 千米高速公路、G15 沈海高速海口段等在建项目的建设，海南“丰”字形路网第三横陵水至乐东高速公路项目也正在勘察设计中。

海南基本形成以高速公路为主动脉，以“三纵四横”国省干线为主骨架的全省公路布局。海榆东线 G223 国道、海榆中线 G224 国道、海榆西线 G225 国道及省内其他国道与四通八达的省道、县乡专用公路连通了岛内所有乡村。

海南环岛旅游公路已于 2020 年 12 月 31 日开工建设。这一公路被定位为“国家海岸一号风景道”，将被打造成海南首创、全国唯一、世界领先的智慧型环岛旅行生活体验公路。海南环岛旅游公路基于 5G 技术、GPS 定位、大数据、物联网等科技手段，开展无人驾驶、无极充电、智能管理、实时监控等试点。公路覆盖 12 个市县，主线全长 988 千米，一般路段采用双车道三级公路设计标准，路基宽度 9.5 米，建立两两相隔 10 千米—30 千米的 46 处旅游驿站。公路的功能以旅游为主，交通为辅，全线五分之一的路段可欣赏到大海，沿线的环岛旅游带也将被打造成海南旅游的“珍珠项链”。此外，海南已经开始规划环热带雨林国家公园公路，建成后将形成以五指山为中心的热带雨林旅游产业体系。

高速公路网示意图

美兰机场逸唐飞行酒店

美兰机场逸唐飞行酒店以气势恢宏的建筑外形雄踞于海口美兰国际机场国内航站楼正对面。酒店拥有 996 间客房及套房，设有 3 间灵活的多功能会议室，以及 2 间各具特色的餐厅演绎美食内涵。旅客休憩之余，可在大堂吧独享醇香咖啡与世界精选美酒，或品茗论茶，品尝精致小食。与酒店相连的美兰奥特莱斯、海南免税店，以丰富的国际品牌和超值的折扣让客人尽享近在咫尺的购物乐趣。

电话： 0898-36796666

海南进出岛航空

网站或手机购票： 往返海南（海口、三亚、博鳌）的航班可在航空公司官网或者有信誉的旅游网站订票，平时都有诸多价格优惠。

微信公众号： “海口美兰国际机场”，提供查询航班、办理值机选座等服务。

app： “航旅纵横”，提供预订机票、查询航班、办理值机选座等服务。

三亚凤凰国际机场交通

公交： 8、24、27、33、36 路直达

机场巴士 1 号线： 凤凰机场 ⇌ 大东海广场

机场巴士 2 号线： 凤凰机场 ⇌ 亚龙湾

机场免费巴士： 海棠湾（海昌梦幻海洋不夜城）→凤凰机场

博鳌国际机场交通

机场巴士 1 号线： 博鳌机场 ⇌ 琼海高速路出入口 ⇌ 琼海市政府 ⇌ 琼海动车站

机场巴士 2 号线： 博鳌机场 ⇌ 博鳌镇 ⇌ 潭门镇

海口美兰国际机场交通

美兰机场综合交通中心（GTC）位于候机楼北侧，旅客不出机场就可在楼内实现空地多种交通方式之间的自由转换，免受风吹日晒之苦，即刻登上高铁、机场巴士、公交巴士、城际快线、出租车。

高铁美兰站直通三亚、琼海、万宁、儋州、乐东等市县，日均 24 班次；市郊列车开通了美兰机场至海口市区海口东站、城西站、秀英站、长流站、海口站的城际快线，每天开行 6—11.5 对列车；长途班车已开通美兰机场至文昌、儋州、屯昌三个方向的城际快线，日均发车 3 班次；公交 21、41、41 快、218、219、K4 路直达市区，平均 15—25 分钟一辆。

- **机场巴士 1 号线：** 机场 ⇌ 民航宾馆
- **机场巴士 2 号线：** 机场 ⇌ 汽车西站
- **机场巴士 3 号线：** 机场 ⇌ 澄迈县老城镇蓝海钧华酒店
- **机场巴士 4 号线：** 机场 ⇌ 海南大学（北门）
- **机场巴士手机购票：** “海汽客运”微信公众号

临时乘机证明

包括海口、三亚、博鳌三家海南机场在内的全国 203 家机场均可使用“临时乘机证明”。旅客乘坐飞机时如果忘记携带身份证明，可通过手机微信搜索“民航临时乘机证明”小程序，进入申请页面后，按要求输入姓名、身份证号码、民族、户籍地等个人信息并进行手机号码验证，再根据手机提示进行人脸识别，核验成功后返回申请首页，点击右下角“临时乘机证明查看”，输入身份证号码，即可生成附带二维码的电子临时乘机证明。凭此二维码可在候机楼的值机柜台、安检处的核验设备上进行扫描及人脸核对，办理值机手续和安全检查。如无行李托运并已在手机上值机，可省去在机场值机柜台打印登机牌的步骤，在安检待验区出示电子登机牌即可通过。

“临时乘机证明”15 日内有效，有效期内旅客可在小程序上多次查看和使用，超过有效期可重新申请。另外，旅客身份证过期了也可办理“临时乘机证明”。

海口港客滚轮渡

琼州海峡过海轮渡在海南主要由海口港承运，客滚船在载运旅客的同时搭载汽车。海口港全面实行客货车全预约过海出岛模式（保留咨询服务点和老人购票窗口），自驾游客及其乘客需在网上提前购票；同时，琼州海峡轮渡实行班轮化运营，定船、定班、定码头，旅客可自行选择合适的港口、班期、船舶。

海口港分为新海港区、秀英港区、马村港区（无客运业务）。

海南海口至广东徐闻由秀英港区和新海港区轮流发班（反向由徐闻港和海安新港轮流发班），海口至海安、新海港至徐闻港海上航行时间约 60 分钟，秀英港至海安新港海上航行时间约 90 分钟。

海南海口至广西北海统一由秀英港区发班，每天 19：00 发一班，航行 11—12 小时，同时接收一班，但抵达北海及北海发班则在两个或三个港区间每天轮流进行。

海口秀英港区地址： 秀英区滨海大道

海口秀英港区交通： 公交 8、41、41 快、55、65 路直达

海口新海港区地址： 秀英区滨海大道西新海村

海口新海港区交通： 公交 28、28 快、35、80、84、86 路，旅游观光 1 号线（双层巴士）直达或经停

广东徐闻港地址： 徐闻县海安港（东）

广东海安新港地址： 徐闻县海安港（西）

广西北海港客运站码头（港务局）地址： 北海市海角路（与石步岭相邻）

广西北海港石步岭港区地址： 北海市成都路（与港务局相邻）

广西北海国际客运码头地址： 北海市银海区银滩旅游区

手机购票： 微信公众号“新海港”“椰城市民云”“琼州海峡轮渡管家”

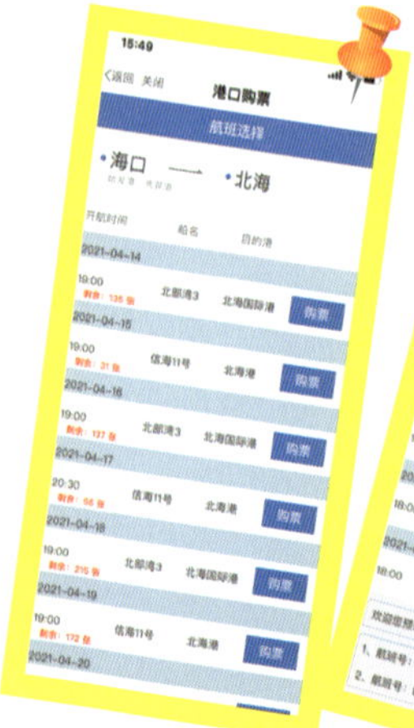

海口至海安（广东）航线：

1. 旅客全票 41.5元/人，旅客半票 22.5元/人。
2. 小型轿车 414.5元/车（含驾驶员1人）。
3. 客车（25座以上） 602.5元/车（含驾驶员1人）。
4. 货车 按车型、货类、吨位计费（含驾驶员1人）。

海口至北海（广西）航线：

1. 特等 全票 500元/人。
2. 一等A 整票 400元/人，半票 200元/人。
3. 一等B 整票 320元/人，半票 160元/人。
4. 二等豪华 整票 200元/人，半票 100元/人。
5. 二等 整票 180元/人，半票 90元/人。
6. 三等 整票 160元/人，半票 80元/人。
7. 四等 整票 140元/人，半票 70元/人。
8. 小型轿车 543元/车（不含驾驶员）。
9. 客车（25座以上） 1086元/车（不含驾驶员）。
10. 货车 按车型、货类、吨位计费（不含驾驶员）。

2021年琼州海峡客滚运输班轮化运营班期表

始发港	秀英港			新海港		
班期	发班时间	船名	到达港	发班时间	船名	到达港
1	0:30	海口六号	海安新港	0:00	海口16号	徐闻港
2	1:00	宝岛12号	海安新港	0:10	双泰37	徐闻港
3	2:00	海装8号	海安新港	0:20	海装6号	徐闻港
4	3:30	腾胜宝晶	海安新港	1:00	尖峰岭	徐闻港
5	4:00	双泰12	海安新港	1:10	海装18号	徐闻港
6	5:00	海装2号	海安新港	1:20	六连岭	徐闻港
7	6:30	紫荆九号	海安新港	2:00	双泰26	徐闻港
8	8:00	紫荆十二号	海安新港	2:10	紫荆二十二号	徐闻港
9	9:30	双泰宝晶	海安新港	2:20	黎母岭	徐闻港
10	10:00	永正（危）	徐闻港	3:00	双泰19	徐闻港
11	11:30	信海19号	海安新港	3:10	海棠湾	徐闻港
12	13:00	海口六号	海安新港	3:20	白石岭	徐闻港
13	13:30	海口九号	海安新港	3:30	双泰36	徐闻港
14	14:30	宝岛12号	海安新港	4:00	紫荆二十三号	徐闻港
15	15:30	腾胜宝晶	海安新港	4:10	虚拟班	徐闻港
16	16:00	海装8号	海安新港	4:20	双泰16	徐闻港
17	16:30	海峡二号	海安新港	4:30	紫荆十六号	徐闻港
18	17:30	信海16号	海安新港	5:00	双泰28	徐闻港
19	18:30	紫荆十二号	海安新港	5:10	扬帆海安	徐闻港
20	19:00	双泰12	海安新港	5:20	五指山	徐闻港
21	19:30	紫荆十六号	徐闻港	6:00	双泰27	徐闻港
22	20:30	紫荆九号	海安新港	6:10	南方6号	徐闻港
23	21:00	信海19号	海安新港	6:20	紫荆十五号	徐闻港
24	22:00	双泰宝晶	海安新港	7:00	双泰18	徐闻港
25	22:30	虚拟班	海安新港	7:10	铜鼓岭	徐闻港
26	23:30	海口九号	海安新港	7:20	紫荆十一号	徐闻港
27	-	-	-	8:00	双泰37	徐闻港
28	-	-	-	8:10	鹦哥岭	徐闻港
29	-	-	-	8:20	双泰29	徐闻港
30	-	-	-	8:30	海装6号	徐闻港
31	-	-	-	9:00	宝岛16号	徐闻港
32	-	-	-	9:10	海装18号	徐闻港
33	-	-	-	9:30	虚拟班	徐闻港
34	-	-	-	10:00	永继	徐闻港
35	-	-	-	10:10	紫荆二十二号	徐闻港
36	-	-	-	10:20	海口十六号	徐闻港
37	-	-	-	11:00	白石岭	徐闻港
38	-	-	-	11:10	海棠湾	徐闻港
39	-	-	-	11:20	双泰36	徐闻港
40	-	-	-	12:00	五指山	徐闻港

2021年琼州海峡客滚运输班轮化运营班期表

始发港	海安新港			徐闻港		
班期	发班时间	船名	到达港	发班时间	船名	到达港
1	0:00	双泰12	秀英港	0:00	白石岭	新海港
2	0:30	紫荆九号	秀英港	0:10	双泰16	新海港
3	1:30	信海19号	秀英港	0:20	凤凰岭	新海港
4	3:00	紫荆十二号	秀英港	0:30	紫荆十六号	新海港
5	4:30	双泰宝晶	秀英港	1:00	宝岛16号	新海港
6	5:00	宝岛12号	秀英港	1:10	双泰28	新海港
7	6:00	虚拟班	秀英港	1:20	扬帆海安	新海港
8	7:30	海口九号	秀英港	2:00	五指山	新海港
9	8:30	海口六号	秀英港	2:10	双泰27	新海港
10	9:30	腾胜宝晶	秀英港	2:20	紫荆十五号	新海港
11	9:40	紫荆十六号（危）徐闻港发班	秀英港	2:30	南方6号	新海港
12	10:30	海装8号	秀英港	3:00	铜鼓岭	新海港
13	11:30	海峡二号	秀英港	3:10	双泰18	新海港
14	12:30	紫荆十二号	秀英港	3:20	紫荆十一号	新海港
15	14:00	双泰12	秀英港	4:00	双泰37	新海港
16	15:00	紫荆九号	秀英港	4:10	鹦哥岭	新海港
17	16:00	信海19号	秀英港	4:20	双泰29	新海港
18	17:00	永正（徐闻港发班）	秀英港	4:30	海装6号	新海港
19	17:30	双泰宝晶	秀英港	5:00	尖峰岭	新海港
20	18:30	海口九号	秀英港	5:10	海装18号	新海港
21	19:00	海口六号	秀英港	5:20	六连岭	新海港
22	20:30	宝岛12号	秀英港	6:00	永继	新海港
23	21:30	海装8号	秀英港	6:10	黎母岭	新海港
24	22:10	腾胜宝晶	秀英港	6:20	海口十六号	新海港
25	23:00	信海16号	秀英港	6:30	紫荆二十二号	新海港
26	23:50	海装2号	秀英港	7:00	双泰36	新海港
27	-	-	-	7:10	白石岭	新海港
28	-	-	-	7:20	海棠湾	新海港
29	-	-	-	8:00	虚拟班	新海港
30	-	-	-	8:10	双泰26	新海港
31	-	-	-	8:20	五指山	新海港

34	-	-	-	10:00	永继	徐闻港
35	-	-	-	10:10	紫荆二十二号	徐闻港
36	-	-	-	10:20	海口十六号	徐闻港
37	-	-	-	11:00	白石岭	徐闻港
38	-	-	-	11:10	海棠湾	徐闻港
39	-	-	-	11:20	双泰36	徐闻港
40	-	-	-	12:00	五指山	徐闻港
41	-	-	-	12:20	双泰26	徐闻港
42	-	-	-	13:00	凤凰岭	徐闻港
43	-	-	-	13:10	双泰19	徐闻港
44	-	-	-	13:20	扬帆海安	徐闻港
45	-	-	-	14:00	铜鼓岭	徐闻港
46	-	-	-	14:20	双泰27	徐闻港
47	-	-	-	15:00	鹦哥岭	徐闻港
48	-	-	-	15:10	南方6号	徐闻港
49	-	-	-	15:20	银紫荆	徐闻港
50	-	-	-	16:00	尖峰岭	徐闻港
51	-	-	-	16:10	紫荆十五号	徐闻港
52	-	-	-	16:20	双泰37	徐闻港
53	-	-	-	17:00	六连岭	徐闻港
54	-	-	-	17:20	海装18号	徐闻港
55	-	-	-	18:00	黎母岭	徐闻港
56	-	-	-	18:10	紫荆二十二号	徐闻港
57	-	-	-	18:20	双泰29	徐闻港
58	-	-	-	19:00	海棠湾	徐闻港
59	-	-	-	19:10	永继	徐闻港
60	-	-	-	19:20	紫荆二十三号	徐闻港
61	-	-	-	20:00	白石岭	徐闻港
62	-	-	-	20:10	双泰36	徐闻港
63	-	-	-	20:20	双泰16	徐闻港
64	-	-	-	21:00	凤凰岭	徐闻港
65	-	-	-	21:10	双泰28	徐闻港
66	-	-	-	21:20	宝岛16号	徐闻港
67	-	-	-	22:00	五指山	徐闻港
68	-	-	-	22:10	紫荆十一号	徐闻港
69	-	-	-	22:20	铜鼓岭	徐闻港
70	-	-	-	23:00	银紫荆	徐闻港
71	-	-	-	23:10	双泰18	徐闻港
72	-	-	-	23:20	鹦哥岭	徐闻港

备注：
1. "永正"轮单日 10:00 航次执行危险品车辆运输，其他时间执行客滚运输，"双泰 16"轮/"紫荆十六号"轮每日 9:40 航次执行危险品车辆运输，其他时间执行客滚运输，两艘船舶每 1 个月交换一次班期，危险品航班作业码头应符合有关法规规范要求。
2. "永正"轮和广东徐闻海峡航运有限公司当月执行危险品班的船舶在北岸发班和抵达码头为徐闻港。
3. 重点时段危险品车辆禁运的班期执行正常的客滚运输班期。

32				9:00	扬帆海安	新海港
33	-	-	-	9:10	双泰19	新海港
34	-	-	-	10:00	双泰27	新海港
35	-	-	-	10:10	铜鼓岭	新海港
36	-	-	-	10:20	银紫荆	新海港
37	-	-	-	11:00	南方6号	新海港
38	-	-	-	11:10	鹦哥岭	新海港
39	-	-	-	11:20	紫荆十五号	新海港
40	-	-	-	12:00	双泰37	新海港
41	-	-	-	12:20	双泰29	新海港
42				13:00	宝岛16号	新海港
43	-	-	-	13:10	海装18号	新海港
44	-	-	-	13:20	虚拟班	新海港
45	-	-	-	14:00	永继	新海港
46	-	-	-	14:10	紫荆二十二号	新海港
47	-	-	-	14:20	紫荆二十三号	新海港
48	-	-	-	15:00	白石岭	新海港
49	-	-	-	15:10	双泰36	新海港
50	-	-	-	15:20	海口十六号	新海港
51	-	-	-	15:30	海棠湾	新海港
52	-	-	-	16:00	五指山	新海港
53	-	-	-	16:10	双泰28	新海港
54	-	-	-	16:20	双泰16	新海港
55	-	-	-	17:40	凤凰岭	新海港
56	-	-	-	18:10	紫荆十一号	新海港
57	-	-	-	18:40	双泰18	新海港
58	-	-	-	19:00	铜鼓岭	新海港
59	-	-	-	19:20	银紫荆	新海港
60	-	-	-	19:40	鹦哥岭	新海港
61	-	-	-	20:20	双泰37	新海港
62	-	-	-	20:40	海装6号	新海港
63	-	-	-	21:00	双泰26	新海港
64	-	-	-	21:10	尖峰岭	新海港
65	-	-	-	21:20	海装18号	新海港
66	-	-	-	22:00	六连岭	新海港
67	-	-	-	22:10	紫荆二十二号	新海港
68	-	-	-	22:20	黎母岭	新海港
69	-	-	-	23:00	海棠湾	新海港
70	-	-	-	23:10	双泰19	新海港
71	-	-	-	23:20	紫荆二十三号	新海港
72	-	-	-	23:50	双泰36	新海港

海口南港铁路轮渡

琼州海峡的铁路轮渡通道是国内第一条跨海铁路通道，由粤海铁1、2、3、4号四艘客滚船营运，海上航距约12.5海里（约22.5千米），往返于海南海口南港、广东徐闻北港之间，每日开行航班12—14对，其中客列5对、货列4对，航行时间约1小时20分钟。铁路轮渡同时可以搭载小车，汽车和火车同时乘轮渡过海，那场面蔚为壮观。

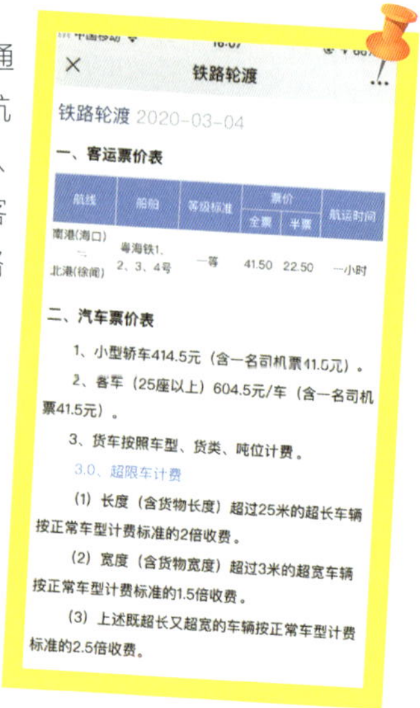
铁路轮渡

铁路轮渡 2020-03-04

一、客运票价表

航线	船舶	等级标准	票价		航运时间
			全票	半票	
南港(海口)⇌北港(徐闻)	粤海铁1、2、3、4号	一等	41.50	22.50	一小时

二、汽车票价表

1、小型轿车414.5元（含一名司机票41.5元）。

2、客车（25座以上）604.5元/车（含一名司机票41.5元）。

3、货车按照车型、货类、吨位计费。

3.0、超限车计费

（1）长度（含货物长度）超过25米的超长车辆按正常车型计费标准的2倍收费。

（2）宽度（含货物宽度）超过3米的超宽车辆按正常车型计费标准的1.5倍收费。

（3）上述既超长又超宽的车辆按正常车型计费标准的2.5倍收费。

南港地址：海南省海口市秀英区滨海大道西新海村

北港地址：广东省徐闻县南山镇

手机购票：微信公众号“铁路轮渡”“椰城市民云”

南港实行全预约过海出岛模式，不单独售卖散客票，不驾车的散客切勿前往该港乘船

海南铁路渡轮时刻表

2021 年 1 月 20 日 零时起，海南铁路轮渡南、北将实行新的航班时刻，计划每天开行航班 16 对，如下图所示。

南港→北港			北港→南港		
航次	开点	到点	航次	开点	到点
H2(Z112)	18:26	19:46	H1	19:10	20:30
H4(K512)	19:53	21:13	H3	20:38	21:58
H6(Z202)	21:23	22:43	H5(X9547)	22:08	23:28
H8	22:52	00:12	H7	23:36	00:56
H10	00:20	01:40	H9(Z201)	01:05	02:26
H12	01:50	03:11	H11(K457)	02:36	03:56
H14	03:18	04:38	H13(K511)	04:03	05:23
H16	04:48	06:08	H15(40011)	05:33	06:58
H18(40012)	06:49	07:41	H17(Z111)	07:05	08:30
H20(40014)	07:55	09:16	H19(40013)	08:41	10:01
H22	09:25	10:45	H21	10:10	11:30
H24	10:55	12:15	H23	11:40	13:05
H26(Z386)	12:30	13:51	H25(Z385)	13:16	14:36
H28(K458)	14:00	15:20	H27	14:43	16:03
H30	15:28	16:48	H29	16:13	17:33
H32(40016)	16:58	18:18	H31	17:41	19:01

海南铁路提示：因过海客列晚点，港口航班开行时间有可能调整，**敬请旅客朋友关注“铁路轮渡”微信公众号**，注意航班变化。咨询投诉电话，**南港**：0898-31686888；**北港**：0759-6530999；同时，以上航班均为开船时间，旅客朋友需提前40分钟到达港口，以便购票、安检，避免耽误出行。

扫一扫 关注公众号

环岛高铁 / 海口市郊列车

海南环岛高铁由东环高铁和西环高铁构成。其中，东环高铁长 308 千米，设计时速 250 千米；西环高铁长 345 千米，设计时速 200 千米。

在海口可以享受城际快线的快捷和方便。海口利用环岛高铁富余运力开行了市郊列车（市域公交列车），全长 38.4 千米，连通了市内 6 个站点，市内高铁沿线和站点周边出行的居民和游客多了一种交通工具的选择。此外，澄迈县也开通了西起澄迈县老城镇站、东至美兰站，连接海口市内 5 个站点，线路全长 51.4 千米的市域公交列车。

高铁美兰站交通： 机场大巴及公交 21、41、41 快、218、219、K4 路直达

高铁东站交通： 公交 11、21、35、38、49、53、56、59、74、86、89、90、98、K1、K2 路直达或经停

高铁城西站交通： 公交 63、66、84、91、208、217 路直达或经停

高铁秀英站交通： 公交 70、82、202、216 路经停

高铁长流站交通： 公交 59、204、210、212 路经停

高铁海口站交通： 公交 80、81 路直达

高铁三亚站交通： 公交 4、5、10、15、17、20、21、22、31、32、33、35、36、42、49A、49B、50、54、55、59 路、城际 1 号线、有轨电车直达或经停

网站购票： 登录“www.12306.cn”，可预订动车票、市郊列车票

手机购票： “铁路 12306”app，可预订动车票、市郊列车票

敲黑板

D 字头车次是动车；Z 字头车次是普列中的直达特快列车，最高时速为 160 千米，停靠站点较少；S 字头车次是市郊列车。

画重点

海口有 3 个高铁站（客运）。其中，海口东站位于凤翔路和迎宾大道交汇处，是进出市区最快捷的站点；海口站位于秀英区粤海大道，是高铁和普列换乘、上岛和过海的站点；美兰站位于美兰机场候机楼内，是高铁和飞机换乘的站点。

粤海铁普速列车

粤海铁路北起湛江，穿越雷州半岛，铁路轮渡自徐闻跨越琼州海峡至海口，沿海南岛西部到叉河，与既有铁路接轨，直达三亚市，是中国第一条横跨海峡的铁路。粤海铁路三亚至海口段的海南西环铁路全长 366.3 千米，与全国铁路大动脉相接通往全国各地。目前三亚经海口运行北京西 ⇌ 三亚、长春 ⇌ 三亚、深圳 ⇌ 三亚、岳阳 ⇌ 三亚的普列客运，海口运行哈尔滨西 ⇌ 海口、上海南 ⇌ 海口、郑州 ⇌ 海口的普列客运，沿线部分城市可上下车。

海口火车站交通： 公交 80、81 路直达高铁海口站

三亚火车站交通： 公交 4、5、10、15、17、20、21、22、31、32、33、35、36、42、49A、49B、50、54、55、59 路，城际 1 号线直达或经停

官网购票： 登录“www.12306.cn”，可预订普列车票

手机购票： “铁路 12306”app，可预订普列车票

敲黑板

由于海口和三亚分别都有向东和向西（对应地图上顺时针方向和逆时针方向）始发的动车，所以购票时都有两个方向可供选择，一个行程长，一个行程短，旅客需要特别注意。

画重点

海口火车站（普速列车）与高铁海口站位于同一车站（秀英区粤海大道）。

三亚火车站（普速列车）与高铁三亚站位于同一车站（吉阳区育秀路）。

长途汽车客运

海南长途客运多由海汽集团承运，各市县的汽车站都由海汽集团管理。

手机购票：“海汽 e 行”app、“海汽客运”微信公众号。

海口有 4 个长途汽车客运站

海口汽车客运总站，位于东环铁路海口东站东南侧，运营海口发往岛内东、中、西部多数市县班车、海口多数乡镇班车及部分进出岛省际班线；海口汽车东站，位于海府路，运营海口发往岛内东部各市县及其部分乡镇班车、海口东部个别乡镇班车；海口汽车西站（省际总站），位于海秀西路，运营海口发往岛内西部市县班车及进出岛省际班车；港口汽车站（秀英港），运营海口发往岛内部分市县班车及进出岛省际班线（与海口汽车西站联网发班）。

海口汽车客运总站交通：公交 11、21、35、38、49、53、56、59、74、86、89、98、K1、K2 路直达或经停高铁东站

海口汽车东站交通：公交 1、1 快、4、11、12、14、27、37、37 快、38、41、41 快、44、45、45 快、89、99、K3 路经停

海口汽车西站交通：公交 1、1 快、2、3、16、17、24、24 快、30、31、35、39、40、40 快、41、41 快、57、57 快、75、78、84、86、专线 3、游 7 路经停

三亚有 2 个长途汽车客运站

三亚汽车站（汽车总站）位于解放路，每天有发往岛内各市县（除儋州和临高外）的班车；三亚汽车西站（客运西站）位于天涯区海榆西线 G225 国道（凤凰机场红绿灯十字路口往天涯方向 500 米处），运营三亚发往西部儋州和临高两市县及进出岛的省际班车。

敲黑板

从各市县（包括海口市）发往辖区内各乡镇的班线有部分归属私营公司运营，有些虽在站内发车，但会在城区沿途个别站点临时经停载客，有些则不在车站内发车，而在车站外某些路段临时停靠载客，详情需要咨询当地人。

从市县汽车站发往辖区内各乡镇的客运班线一般只能到达乡镇的中心，远离乡镇中心的景区还需要搭乘其他私营交通工具才能抵达。

海口市乡镇的短途班车有部分目前无法实现在手机上购票，旅客需在车站购票。

三亚汽车站交通： 公交 1、2、3、6、7、8、9、10、16、18、22、26、40、42、50、51、52、54、58 路直达汽车总站。

三亚汽车西站交通： 公交 14、16、32、34、42 路直达或经停客运西站。

公交出行 / 共享单车

绿色出行是海口和三亚市内最便捷、最省钱的交通方式。这两座城市的公交班线可以通达城区范围内的各个旅游景点，三亚公交甚至向周边市县的热门景区发班城际专线。旅客可提前在手机上下载相关应用，查询周边站点、规划路线。有的应用还提供班车行进位置信息及上车刷码购票服务。

海口城区内遍布共享单车，布设范围之广、密度之大和车况之优堪比我国多数一线城市。海南岛一年四季都适合骑行，即便在炎热的夏季和寒冷的冬季，共享单车也是舒适和便捷的首选。

海口公交手机查询： “海口公交集团”微信公众号、“椰城市民云”app

三亚公交手机查询： “三亚公交集团”和“三亚天涯行”微信公众号

海口城市旅游观光 1 号线（双层巴士）

线路走向： 新海港 ⇌ 钟楼，全程总长 43.6 千米，单程 70 分钟

10 个站点： 钟楼 ⇌ 青少年活动中心 ⇌ 万绿园 ⇌ 南光西海湾 ⇌ 西秀海滩 ⇌ 观海台 ⇌ 假日海滩 ⇌ 浪琴湾 ⇌ 海南国际会展中心 ⇌ 新海港

途经景点： 骑楼老街、钟楼、滨海公园、万绿园、帆船基地、西秀海滩、观海台、假日海滩、五源河湿地公园

发车时间： ①钟楼站首班时间为 9:40，末班时间为 21:40；②新海港站首班时间为 8:30，末班时间为 20:30。每班间隔 15—30 分钟，票价全程 20 元（实行 24 小时一票制，上下车次数不限）

画重点

海口公交集团实行残障人士（残疾、军残）、老年人（全免老人、半价老人）、中小学生等五类特殊人群乘坐公交车需刷公交 IC 卡才能享受优惠的政策，着校服、持残疾人证或老年优待证等相关证件不能作为优惠（免费）乘坐市内公交车的依据。

办卡地址：海口市龙华区龙华路公交总站

咨询电话：963001、0898-66663066

三亚有轨电车

三亚轨道交通线路全长约 8.37 千米，连接三亚火车站、三亚汽车总站、三亚市中心。有轨电车由 5 节车厢编组而成，最多承载 362 人，平均时速约 20 千米。全线共设 15 个站：三亚火车站 ⇌ 育秀路站 ⇌ 凤凰路站 ⇌ 水城路站 ⇌ 三亚河东路站 ⇌ 解放路站 ⇌ 金鸡岭街站 ⇌ 友谊街站 ⇌ 迎宾路站 ⇌ 吉祥街站 ⇌ 团结街站 ⇌ 新风街站 ⇌ 光明街站 ⇌ 跃进街站 ⇌ 建港路站。

敲黑板

很多 app、小程序、微信公众号都可以查询全国各地的公交状况，但有些不是实时的，当地临时调整的最新路线并不能得到及时反映，建议使用本书推荐的手机官方应用。

自驾

从 1994 年 1 月 1 日起，海南在全国率先实行了公路规费征收模式改革，将“公路养路费、过桥费、过路费和公路运输管理费”这四费合一为燃油附加费，并统一在燃油销售环节价外征收。此举不但使得海南全省所有公路均无设卡收费，也降低了车辆的行驶费用，方便了驾驶员。如今，海南仍是全国唯一能够实现“一脚油门踩到底”的省份。

汽油车的燃油附加费按照上述规定已包含在汽油价格中，其中公路养路费、通行费（含过路费、过桥费）和公路运输管理费各占 60%、34.7% 和 5.3%。柴油车则按核定装载重量定额征收燃油附加费，客车、货车、特种车、牵引车、农用车、汽车拖带的挂车，按月征费标准为每吨每月 390 元，按旬征费标准为每吨每旬 160 元，按日征费标准为每吨每日 20 元。

ETC

由于海南高速公路没有收费站，岛内高速公路通行也就不涉及 ETC 的问题。但海南车辆出岛去其他省份，走高速公路可能仍需要通过 ETC；同时，海口几大港口也都设有收费站，主要是对外地进岛的柴油车收费，这些港口收费站会加装和使用 ETC 系统，提高通行效率。

骑行

海南非常适合自行车运动，无论春夏秋冬，公路上都可以看到骑行者矫健的身影。海榆东、中、西线（国道 223、224、225）早在海南建省之前就是享有盛誉的战备公路，如今不仅路况良好，很多路段还是两侧树木遮天蔽日的林荫大道。海南还有多条新修的国道和密集的省道、县道、乡道，骑行者不但可以慢慢欣赏沿途的风景，还可以随时在路边购买当地的土特产。

从海口至三亚或从三亚至海口的环岛骑行，往返可以选择不同路线，风景各具特色。东线和西线沿着海岸而行，以平原为主，丘陵为辅，沿途坡度小，村镇多，补给方便，热带田园、河流、海滨等景色变幻无穷；中线为山地、平原兼而有之，其中一半路段在莽莽深山之中，虽然对骑行者的体力和意志颇具挑战，但热带雨林风光和黎苗族风土人情却别具一格。

自行车上高铁

海南高铁未规定禁止携带自行车上车。通常旅客随身携带的行李只要不超过长 1.3 米 × 宽 1.3 米 × 高 1.3 米就可以随身携带上车，对于自行车则须由所在车站的工作人员视车辆情况决定。一般情况下，只要把前轮拆下，分件打包或装袋，不影响他人乘坐或动车箱体安全都会被允许带上车。

需要注意：高铁没有托运业务，普通列车、长途汽车均可办理行李托运。此外，每个汽车站都有“海汽快递部”，可以指定临近发班的班车寄递自行车等物品。

自贸港新政

离岛旅客免税购物政策

2011 年 4 月 20 日，离岛免税政策在海南试点实施，海南成为全球第四个实行离岛免税购物政策的地区。离岛免税政策是对年满 16 岁的公民乘飞机、火车、轮船离开海南本岛但不离境的国内外旅客实行的免进口税购物政策。2020 年 7 月 1 日起，离岛旅客每年每人免税购物额度由原来的 3 万元提升至 10 万元，离岛免税商品品种由原来的 38 种增至 45 种（新增天然蜂蜜及其他食用动物产品、茶和马黛茶及以其为基本成分的制品、平板电脑、穿戴设备等电子消费产品、手机、电子游戏机、酒类 7 类商品），取消单件商品 8 000 元免税限额规定，免税商品种类及单次购买数量限制仅限定化妆品（每人每次限购 30 件）、手机（每人每次限购 4 件）和酒类（每人每次合计购买不得超过 1 500 毫升）商品。

目前，海南共有 9 家已开业的实体店，入驻了全球 300 多个国际知名品牌。离岛旅客除了可在实体免税店线下免税购物外（可选择即购即提、邮寄送达、返岛提货三种方式），还可在线上免税购物，乘飞机 / 火车 / 轮船离岛的旅客可通过网上销售窗口免税购物，在海口美兰国际机场、三亚凤凰国际机场、琼海博鳌机场、海口火车站、海口新海港 5 处指定提货点，凭本人机票 / 火车票 / 船票 + 身份证件 + 购物凭证（含提货单或短信订单号）提取所购免税商品并由旅客本人携运离岛。此外，已经离岛的旅客在 180 天内可将尚未使用完的离岛免税额度在补购线上平台继续选购免税商品。

三亚国际免税城（中免）

地址：三亚市海棠区海棠湾北路 118 号

交通：公交 33、34、35 路、海棠 1 号、海棠 3 号直达或经停海棠湾免税广场站，双层旅游观光巴士（天涯海角始→三亚湾路→解放路步行街→大东海→海棠湾免税城），三条免费穿梭巴士（分别从鹿回头广场 / 大东海、亚龙湾各大酒店、海棠湾各大酒店每天多班定时始发，开往海棠湾免税城）

电话：400-699-6956

三亚海旅免税城（海旅）

地址：三亚市吉阳区迎宾路 303 号（千古情旁）

交通：公交 1、6、7、9、23、27、40、45、53 路抵达千古情站

电话：400-900-1888

三亚国际免税购物公园（中服）

地址：三亚市天涯区解放一路 16 号鸿洲广场

交通：公交 2、3、4、7、8、9、10、11、12、15、18、22、26、40、42、50、52、54、58、微 1、6、双层旅游观光巴士抵达市委站

电话：400-868-9898

三亚凤凰机场免税店（中免）

地址：三亚凤凰国际机场 206-208 登机口

交通：8、24、27、33、36 路及机场巴士直达

电话：400-699-6956

海口观澜湖免税城（深免）

地址：观澜湖度假区新城

交通：公交 K2、K3 路经停，新城免费穿梭巴士运行路线为凤翔路沿线 ⇌ 迎宾大道 ⇌ 电影公社 ⇌ 新城

电话：400-880-5666

海口美兰机场 T1 航站楼免税店（中免）

地址：海口美兰国际机场 T1 航站楼（国内候机楼隔离区内）

海口美兰机场 T2 航站楼免税店（中免建设中）

地址：海口市美兰机场 T2 航站楼

交通：机场巴士及公交 21、41、41 快、218、219、K4 路直达

电话：400-007-8000

---

cdf 海口市内免税店（中免）

地址：海口市国兴大道日月广场西区射手座 L 层、双子座 1—2 层

电话：400-007-8000

全球精品（海口）免税城（海控）

地址：海口市国兴大道日月广场东区摩羯座一层

电话：400-888-5886

交通：公交 60、64、68、89、K5 路、美兰机场巴士 5 号线途经日月广场站，高铁快线（海口客运总站→途经海口火车站→汽车西站→日月广场→汽车东站→南港码头），免费穿梭巴士（每天 3 班连接日月广场与盈滨半岛、西海岸、东海岸、观澜湖等海口酒店集结区）

琼海博鳌免税店（中免）

地址：琼海市东屿岛博鳌亚洲论坛永久会址景区内

交通：无公交直达

电话：0898-62966251

境外旅客离境退税政策

在中国境内连续居住不超过 183 天的外国人和港澳台同胞可享受购物后离境退税政策：同一境外旅客同一日在同一退税商店内购买退税物品满 500 元人民币、所购物品未启用或消费、离境日距退税物品购买日不超过 90 天，且所购买商品由境外旅客本人随身携带或托运出境的，在离境口岸办理离境手续的时候即可退税，退税率统一为 11%。本地购物在本地离境或本地购物在异地离境均被允许办理退税，境外旅客在办理退税时可自行选择现金退税或者银行转账退税，以及自行选择以人民币或自由流通的主要外币退税。

海南退税物品包括服装、鞋帽、化妆品、钟表、首饰、电器、文具、体育用品、医疗器材、家具等，共 21 大类 324 种。食品、饮料、水果、烟、酒、汽车、摩托车等不能享受退税。

海南离境退税定点商店

海口民生百货

地址：海口市海秀路 8 号望海国际广场

交通：公交 1、1 快、2、4、8、10、13、15、16、19、22、24、24 快、28、28 快、29、32、34、36、38、40、41、41 快、60、93、106、游 7 路经停明珠广场站

海口生生国际购物中心

地址：海口市滨海大道 28 号

交通：公交 3、6、7、17、18、23、37、39、42、49、60 路以及旅游观光 1 号线经停青少年活动中心站

海口远大购物中心

地址：海口市秀英区长滨四路 7 号

交通：公交 210 路经停远大购物广场

海口百方购物中心

地址：海口市龙华区滨海大道 105 号

交通：公交 3、4、8、23、34、57、65、72、78、79 路经停金贸中路站

三亚夏日百货

地址：三亚市吉阳区海韵路 1 号

交通：公交 2、4、8、15、18、19、25、28、30、34、36、41、53、55、微 6 路以及城际 1 号、城际 2 号、城际 3 号经停

三亚一方百货

地址：三亚市天涯区解放二路 261 号（海滨电影院对面）

交通：公交 1、2、3、5A、6、8、9、10、16、18、22、26、40、50、51、52、54、58 路经停

三亚国际购物中心

地址：三亚市天涯区解放路 1 号

交通：公交 1、5A、16、51 路直达港务局站

首创奥特莱斯

地址：万宁市兴隆华侨旅游经济区莲兴大道 1 号

交通：万宁旅游三路

59 国免签政策

免签的 59 个国家的游客赴海南旅游，无须参加团队，无须去所在国的中国使领馆办理签证，仅需持免签国国籍护照，通过与海南有业务合作的旅行社报备个人信息。海南当地旅行社（具备办理 59 国免签政策资格的旅行社）接到游客个人信息后，须在游客入境前 24 小时向有关部门申报游客个人信息，这样游客抵达海南后即可免签入境，享受停留 30 天的待遇。游客个人信息包括：游客护照、往返机票、酒店预订订单、在海南旅游行程。59 国游客在香港或其他有直达海南航线的国家（地区）出发或中转可以使用免签政策。免签游客从海南再去中国的其他地区仍须在海南当地办理签证，办理签证需要准备的材料有旅行社开具的公司证明和本人护照。新加坡、日本、文莱、阿联酋、塞尔维亚和波黑 6 国游客，可持普通护照，无须申报个人信息，直接入境并在中国境内（包括海南）停留一定时间。

免签的 59 个国家

俄罗斯、英国、法国、德国、挪威、乌克兰、意大利、奥地利、芬兰、荷兰、丹麦、瑞士、瑞典、西班牙、比利时、捷克、爱沙尼亚、希腊、匈牙利、冰岛、拉脱维亚、立陶宛、卢森堡、马耳他、波兰、葡萄牙、斯洛伐克、斯洛文尼亚、爱尔兰、塞浦路斯、保加利亚、罗马尼亚、塞尔维亚、克罗地亚、波黑、黑山、马其顿、阿尔巴尼亚、美国、加拿大、巴西、墨西哥、阿根廷、智利、澳大利亚、新西兰、韩国、日本、新加坡、马来西亚、泰国、哈萨克斯坦、菲律宾、印度尼西亚、文莱、阿联酋、卡塔尔、摩纳哥、白俄罗斯。

What 59 countries are included in the Hainan 59 countries Visa-Free Entry policy, which came into effect on May 1, 2018?
2018 年 5 月 1 日开始，海南实施 59 国人员入境旅游免签政策，具体是哪 59 国？

其他境外旅客入境政策

2020 年 6 月 1 日，中共中央、国务院印发了《海南自由贸易港建设总体方案》，规定将于 2025 年前实施更加便利的免签入境措施：将外国人免签入境渠道由旅行社邀请接待扩展为外国人自行申报或通过单位邀请接待免签入境；放宽外国人申请免签入境事由限制，允许外国人以商贸、访问、探亲、就医、会展、体育竞技等事由申请免签入境海南；实施外国旅游团乘坐邮轮入境 15 天免签政策。

落地签证

即口岸签证。凡与我国有外交关系或官方贸易往来的国家或地区的人员，持护照到海南可享受落地签证政策。在海口或三亚口岸申办落地签证后，可在中国大陆任何口岸出境。

加签手续

外国游客需要延长在海南停留时间或再到中国其他地方旅游的，由所接待的海南国际社出具公函向当地公安机关申请可办理加签手续。

入境签注

我国台湾居民可在海口、三亚口岸直接办理一次性有效期达 3 个月的入境签注。

无须签证

中国籍的香港、澳门居民来内地旅游，可凭港澳同胞回乡证或港澳居民来往内地通行证出入境，无须申请签证。

邮轮边境旅游政策

除了可持有效期 6 个月以上的护照参加海南至越南的邮轮边境旅游外，中国公民还可选择凭身份证或者户口簿在海南异地办理出入境通行证后，参加邮轮边境旅游。

游客只要在邮轮出发前 5 天报名就可参团：将身份证（或户口簿）扫描件、出入境通行证申请表（贴照片）的扫描件及 2 寸相片电子版交由旅行社统一办理出入境通行证；游客在邮轮出发前在邮轮码头面签并领取出入境通行证后，即可直接登上邮轮参加海南邮轮边境旅游。

精华海南 特色体验

海南旅游资源独特且丰富，林林总总汇集起来有十一大主题旅游，可以满足不同游客的需求。这十一大主题分别是海洋、康养、文化、体育、会展、乡村、森林、婚庆、购物、美食、高尔夫。

海南的阳光是炽热的，即使冬天也是温暖的；海南的大海是斑斓的，阳光照亮了海底艳丽的珊瑚和鱼儿；海南的沙滩洁白细腻，如少女的肌肤；海南的椰子清凉甘甜，沁人心脾。

海南拥有无垠的热带原始雨林，雨林中生长着奇花异果，栖息着各种热带珍稀动物，森林徒步是厌倦了城市喧嚣的户外驴友的最爱。潜水观光是海南最具吸引力的海上休闲运动，在这里，人类的好奇心才能被满足到极致，探索精神才能被发挥到极致。

海南各地都有不同类型的温泉资源，泡温泉在许多旅行者的心中成为必需的享受。海南有五十多处各种类型的高尔夫球场，不仅吸引了大批韩国、日本、澳大利亚等国游客，也迅速成为国内普通游客追逐的时尚。黎族、归侨、疍民，骑楼老街、古村落、古民居，还有乡情淳厚的民俗节庆，都会给身处内陆的游客带来身体和心灵的满足。

“从明天起，做一个幸福的人……我有一所房子，面朝大海，春暖花开。”让我们抛开世间的尘嚣，带着慵懒，带着浪漫，带着自由，来到天之涯、海之角，实现自己的梦想。

滨海度假 / 酒店

海南海岸线总长 1 944 千米，有 68 处大小港湾，这些港湾各具魅力，东部海岸妩媚、静美，西部海岸粗犷、绚丽。目前，海南已经建成海口西海岸、琼海博鳌水城、万宁神州半岛及石梅湾、陵水清水湾，以及三亚亚龙湾、海棠湾、三亚湾、大东海等高端海湾度假区和酒店集群地，海南多数高档度假酒店和国际知名酒店管理集团、国际品牌酒店都落户在这些海湾，全球第三家、环太平洋地区首家亚特兰蒂斯旅游综合体就位于美丽的“国家海岸”海棠湾。

海南是中国高档度假酒店最密集、国际品牌管理公司最集中的省份，拥有喜达屋、万豪、洲际、香格里拉、雅高等 78 家国际知名酒店管理集团、94 个酒店品牌、161 家五星及按五星标准建设的酒店。

海口东海岸

海口东海岸位于海口江东新区，20 千米的海岸线从南渡江入海口一直延伸到江东大道的海文大桥，与东寨港国家级自然保护区和文昌铺前湾相连。东海岸是海口唯一的原生态海岸线，柔软洁白的沙滩，海湾湿地、木麻黄海防林连缀绵延，景色怡人；位于东海岸的五大省级开发区之一的桂林洋经济开发区已经初具规模，桂林洋国家热带农业公园、天鹅湖动物基地、特色产业风情小镇、海口万达城、大学城分布其中。

海口鲁能希尔顿酒店

电话：0898-36398888　　网址：https://www.hilton.com.cn

海口西海岸

海口西海岸北临琼州海峡，是海口湾生活、度假和旅游的核心区域。近 20 千米的海岸线呈带状伸展，东起海口港秀英港区，沿途经过西秀海滩、假日海滩、两个高尔夫球会、五源河国家森林公园，西至海口港新海港区。其中，西秀海滩、假日海滩这两个开放式滨海公园相邻，海边建有海滨浴场、温泉游泳馆、步行道、自行车道、滑轮车道、沙滩排球场、国家帆板基地等设施。

喜来登酒店
电话：0898-68708888
香格里拉大酒店
电话：0898-68707799
天佑大酒店
电话：0898-31688866
万豪酒店
电话：0898-68708666
大华西海岸智选假日酒店
电话：0898-65630999
红燕堂酒店
电话：0898-68716699
西海岸假日酒店
电话：0898-31396666

海口鲁能希尔顿酒店

海口鲁能希尔顿酒店是江东新区一颗绚丽的明珠，坐拥美丽的东海岸，紧邻省政府、世纪大桥和海文大桥，20 分钟车程即可抵达美兰机场或国贸中心。酒店拥有现代化的设施设备、贴心周到的服务、多样化的餐饮选择、多达 32 间的会议室及 1 间 1 600 平方米的大宴会厅。无论商务出行还是休闲旅游，这里都能让客人体验到家一般的舒适与温馨。

澄迈盈滨半岛

盈滨半岛北临琼州海峡，形似弯月，三面环海，内外双海湾，岸边沙滩宽广，细软无泥，海水碧蓝纯净。半岛上拥有稀缺的火山温泉，是海南最早开发的度假区域之一。海南澄迈鲁能蔚景温德姆酒店毗邻澄迈八景之一的禅林圣境永庆寺，距离海口火车站约 10 分钟车程，前往海口美兰国际机场仅需 40 分钟左右。

鲁能蔚景温德姆酒店

电话：0898-36509999

网址：www.whghotels.cn

澄迈湾

澄迈湾东起海口市天尾角，西至澄迈县玉包港，曲折的海岸线长达 89.8 千米。澄迈湾沙滩细腻洁白，海水碧蓝，内海岸边遍布红树林，建有海南红树林湿地保护公园和一个高尔夫球场。

希尔顿逸林度假酒店

电话：0898-36508888

文昌高隆湾

高隆湾是文昌市政府新址所在地，交通便利，市政设施完善。高隆湾沙滩宽阔，风平浪缓，水洁沙白。高隆湾因与南海主要港口清澜港为邻，海产品丰富、新鲜、便宜，适合养老旅居和家庭度假。

温德姆至尊豪廷大酒店（清澜半岛）

电话：0898-63599999

文昌鲁能希尔顿酒店

一个远离喧嚣的度假胜地

文昌鲁能希尔顿酒店坐落在海南岛东北部风光旖旎的淇水湾内，在酒店内就能一览秀丽迷人的海景及绵延数千米的银色沙滩，中国最南端的首个滨海卫星发射中心亦近在咫尺。酒店拥有 435 套景观优美的客房、5 个不同的风味餐厅、3 个室内外泳池以及多样化的宴会厅，宾客在此可尽享度假闲情。

金石国际大酒店（高隆湾）

电话：0898-36525888

南国温德姆花园大酒店（高隆湾）

电话：0898-63699888

文昌淇水湾

淇水湾位于铜鼓岭国际生态旅游区内，背倚铜鼓岭国家级自然保护区，毗邻文昌航天城、石头公园、铜鼓岭景区，5 千米的海滩沙白细柔，海面波平浪静，海底分布着 100 多种珍稀的珊瑚及礁栖生物，巨大的胶质状蜂窝珊瑚直径达数米，礁岩上摇曳的海草中栖寄着多种生物。

文昌鲁能希尔顿酒店

电话：0898-31998888

中文网址：hilton.com.cn/wenchang

英文网址：wenchang.hilton.com

琼海博鳌水城

博鳌水城位于万泉河、九曲江、龙滚河三河入海口，三河交汇之处形成了闻名遐迩的玉带滩。这里是博鳌亚洲论坛会址所在地，度假酒店、度假公寓错落分布，博鳌东屿岛温泉、博鳌免税店及 3 个顶级的高尔夫球会颇受游客欢迎。目前，博鳌乐城国际医疗旅游先行区已初具规模。

博鳌亚洲论坛大酒店
电话：0898-62966888
博鳌亚洲论坛东屿岛大酒店
电话：0898-62706888
博鳌亚洲论坛金海岸温泉大酒店
电话：0898-62778888
博鳌国宾馆
电话：0898-62629999
博鳌和悦景澜酒店
电话：0898-36839022
博鳌亚洲湾度假大酒店
电话：0898-36866888
金湾康斯宾悦度假酒店
电话：0898-62708888
博鳌佰悦湾真如酒店
电话：0898-62620888
博鳌海岛森林海景酒店
电话：0898-62777777

临高龙波湾

龙波湾北邻琼州海峡，海岸线长约 7 千米，有湛蓝的海水、金色的沙滩，这里的田园、湿地景观极具生态自然特点，临高县主要河流文澜河在此汇入大海。

碧桂园金沙滩温泉酒店
电话：0898-31166666

昌江棋子湾

棋子湾坐落在海南昌江县西部海岸，海岸线长达 5 千米，既有洁白细软的沙滩，又有形状各异的嶙峋怪石群落，还有一片状如棋子的彩色卵石滩。棋子湾地处海南岛热带滨海沙漠边缘，沙滩与沙漠连成一片，有“万亩沙漠落海南”之美景。

棋子湾开元度假村
电话：0898-31156666

希望·棋子湾家园度假酒店
电话：0898-26998888

东方金月湾

金月湾坐落在东方市南部，东临北部湾，海岸线长 12.8 千米，粗沙细浪、蔚蓝大海、夕阳美景融为一体，被誉为海南最美夕阳海岸。

佳源东方索契酒店
电话：0898-38977777

三亚海棠湾

海棠湾与陵水土福湾相接，海棠湾 19 千米长的海岸线河道如网，绿洲棋布，藤桥东、西两条河从这里汇入大海。海棠湾被定位为“国家海岸”， 正在建设成为代表中国热带滨海旅游形象的国家品牌，是海南仅次于亚龙湾的拥有最多高档度假酒店的海湾。中国唯一一家七星级酒店亚特兰蒂斯酒店，以及三亚国际免税城、潜水胜地蜈支洲岛、“神州第一泉”南田温泉、袁隆平水稻科研基地所在地水稻国家公园等景点位于此处。

三亚 · 亚特兰蒂斯
电话：0898-88986666
海棠湾天房洲际度假酒店
电话：0898-88658888
海棠湾万达希尔顿逸林度假酒店
电话：0898-88826666
海棠湾康莱德酒店
电话：0898-88208888
海棠湾喜来登度假酒店
电话：0898-38851111
海棠湾 JW 万豪度假酒店
电话：0898-38886999
海棠湾 9 号度假酒店
电话：0898-38888855
海棠湾民生威斯汀度假酒店
电话：0898-88659999
香格里拉度假酒店
电话：0898-88758888
艾迪逊酒店
电话：0898-88359999
海棠湾红树林度假酒店
电话：0898-31877777
海棠湾理文索菲特度假酒店
电话：0898-32998888
海棠湾君悦酒店
电话：0898-88811234
海棠湾保利瑰丽酒店
电话：0898-88716666
海棠湾万丽度假酒店
电话：0898-38858888
海棠湾海棠麓湖度假酒店
电话：0898-88652222
蜈支洲岛珊瑚酒店
电话：0898-88853666

三亚亚龙湾

亚龙湾是中国唯一具有热带风情的国家旅游度假区，热带山地雨林、海岸红树林、细腻纯净的白色沙滩、清澈透明的海水和海底珊瑚礁及生物是亚龙湾五大生态资源，被世人誉为“天下第一湾”。亚龙湾美丽的 7.5 千米海岸线上集中了国际上最著名的酒店品牌，有全中国最豪华的酒店群落，建有亚龙湾海底世界、爱立方滨海乐园、热带天堂森林公园、两座高尔夫球场和青梅港红树林自然保护区。

亚龙湾人间天堂·鸟巢度假村
电话：0898-38219999
亚龙湾美高梅度假大酒店
电话：0898-88639999
亚龙湾铂尔曼别墅度假酒店
电话：0898-88555588
亚龙湾喜来登度假酒店
电话：0898-88558855
亚龙湾万豪度假酒店
电话：0898-88568888
亚龙湾天域度假酒店
电话：0898-88567888
亚龙湾红树林度假酒店
电话：0898-88558888
金茂亚龙湾丽思卡尔顿酒店
电话：0898-88988888
金茂亚龙湾希尔顿大酒店
电话：0898-88588888

亚龙湾维景国际度假酒店
电话：0898-88598888
亚龙湾华宇度假酒店
电话：0898-88555888
亚龙湾五号度假别墅酒店
电话：0898-88559999
亚龙湾瑞吉度假酒店
电话：0898-88555555
亚龙湾海景国际度假酒店
电话：0898-88565666
亚龙湾石溪墅建国度假酒店
电话：0898-38226988
亚龙湾爱琴海套房度假酒店
电话：0898-88988898
亚龙湾天鸿度假村
电话：0898-88550088
亚龙湾华宇迎宾馆
电话：0898-88718888

三亚太阳湾

太阳湾一面向海，三面环山，呈“U”字形，小小的海湾长不过2千米，既有白色细软的沙滩，也有峻峭的悬崖礁石，站在沙滩上即可透视海底黑黢黢的珊瑚礁，这里也是全海南顶级的潜水区域之一。太阳湾是三亚海湾环境保护最好、私密性最强的海湾，仅有亚龙湾西端一条专用进出通道，经过5千米长的青梅港红树林自然保护区和滨海盘山公路，最后才能到达这个依山而建的酒店度假区。

太阳湾柏悦酒店

电话：0898-88201234

三亚凤凰岛

三亚凤凰岛位于三亚湾“阳光海岸”的核心区，于2002年开始人工填岛，由一座长394米、宽17米的跨海大桥与三亚湾最东端连接。凤凰岛不仅有中国第一个国际邮轮专用港口，而且以邮轮产业为依托，正在建设成集邮轮主题休闲港、丝绸之路自贸区、海洋亲水旅游湾、健康度假养生地、文化演艺娱乐岛五大主题为一体的高端旅游度假综合体。

凤凰岛度假酒店

电话：0898-32997777

凤凰岛热带风情度假酒店

电话：0898-88037379

三亚大东海

大东海月牙形的海湾三面环山，海岸线长 2.9 千米，其中有平坦细软的沙滩近千米。蓝天、碧海、青山、绿椰、白沙呈现出独特之美，“椰风海韵”“水暖沙白滩平”的美景蜚声海内外。大东海是中国最早的冬泳避寒胜地和热带滨海度假区，也是三亚市开发最早、最成熟的滨海度假区，岸边集中了各种档次的度假酒店。

文华东方酒店
电话：0898-88209999
山海天 JW 万豪酒店
电话：0898-88211688
山海天大酒店·傲途格精选
电话：0898-88285688
哈曼度假酒店
电话：0898-31528888
银泰阳光度假酒店
电话：0898-88210888

三亚鹿回头半岛

鹿回头半岛西临三亚湾，东临小东海，南部是鹿回头岭，北部是南山岭，中部是半山半岛滨海度假区。鹿回头半岛拥有保护完整的自然生态系统和优美的山海景观，除建有鹿回头山顶公园、小东海等旅游景点外，区内还分布着国内外多家品牌酒店、一座高尔夫球会、海南岛第一座世界级的帆船港——半山半岛帆船港。

悦榕庄

电话：0898-88609988

半山半岛洲际度假酒店

电话：0898-88618888

半山半岛安纳塔拉度假酒店

电话：0898-88885088

半山半岛洲际度假酒店

电话：0898-88618888

半山半岛帆船港酒店

电话：0898-88222888

玛瑞纳酒店

电话：0898-88217563

君澜・鹿回头国宾馆

电话：0898-88668866

鹿岭海湾维景国际大酒店

电话：0898-88619999

金都蔚景温德姆酒店

电话：0898-88355888

明申高尔夫度假酒店

电话：0898-88885888

三亚湾

三亚湾紧邻三亚市区，海岸线绵延 22 千米，湾长沙细，绿树如带，一条椰梦长廊（三亚湾路）沿海岸线伸展，构成了美丽的热带滨海风景线。三亚东、西两河汇入三亚湾，三亚港、鸿洲游艇码头比邻相依，凤凰岛国际邮轮港和形似玳瑁浮于海中的东岛、西岛遥遥相望，其中西岛已发展成为闻名遐迩的潜水基地。

万嘉度假酒店
电话：0898-88336688
海居铂尔曼度假酒店
电话：0898-88288888
福朋喜来登酒店
电话：0898-88888588
丽禾温德姆酒店
电话：0898-88656666
三亚湾假日酒店
电话：0898-88339988
三亚湾皇冠假日度假酒店
电话：0898-88258888
君澜三亚湾迎宾馆
电话：0898-88886688
唐拉雅秀酒店
电话：0898-38873887
京海国际假日酒店
电话：0898-88611888
玉海国际度假酒店
电话：0898-88918888
阳光大酒店
电话：0898-88599999
天通建国酒店
电话：0898-88299999
国光豪生度假酒店
电话：0898-38888888
胜意大酒店
电话：0898-88898333
海韵度假酒店
电话：0898-88388888
亚太海航度假酒店暨亚太国际会议中心
电话：0898-88332666

三亚崖州湾

崖州湾连绵 16 千米，是三亚最西边的海湾，也是三亚最佳日落观赏点。崖州湾是海南历史文化的发祥地，有崖州古城、南山文化旅游区、南山大小洞天等景区，距南海渔场最近的国家中心渔港——三亚崖州中心渔港也坐落在此。

崖州湾度假村希尔顿格芮精选酒店（大小洞天旁）

电话：0898-88890888

南山迎宾馆（南山文化旅游区内）

电话：0898-88838088

南山休闲会馆海景酒店（南山文化旅游区内）

电话：0898-88837888

大小洞天小月湾度假酒店（大小洞天内）

电话：0898-88821189

乐东龙沐湾

龙沐湾西临北部湾，东倚尖峰岭，南抵莺歌海盐场，西环高铁、环岛高速穿行而过。这里有海南岛最美丽的落日和星空，7 千米长的海岸线被誉为海南岛西部最美丽的沙滩。

龙沐湾温德姆至尊豪廷大酒店

电话：0898-85598888

陵水清水湾

清水湾海岸线长达 12 千米，与海南岛的其他海湾不同的是，这里一半是礁岩，一半是沙滩。清水湾已建成两座高尔夫球会所、一座游艇码头，洲际、卓美亚、JW 万豪、希尔顿等国际品牌酒店已相继开业。

雅居乐莱佛士酒店

电话：0898-83389888

雅居乐瀚海度假酒店

电话：0898-83358566

蓝湾绿城威斯汀度假酒店

电话：0898-83388666

清水湾温德姆度假酒店

电话：0898-83387888

清水湾阿罗哈爱琴海景套房度假酒店

电话：0898-83389666

绿城蓝湾度假酒店

电话：0898-83387666

陵水香水湾

香水湾因自香水岭流下的涓涓泉水而得名。香水湾全长 7 千米，北部有牛岭山脉伸入大海，海滩怪石嶙峋，中部和南部沙滩细腻洁白，海面上不远处就是有“潜水天堂”之称的分界洲岛。陵水香水湾与万宁日月湾被牛岭分隔，由此，海南岛南北形成中热带和北热带两个不同的气候带。

香水湾富力万豪度假酒店

电话：0898-83099888

香水湾君澜度假酒店

电话：0898-83308888

香水湾阿尔卡迪亚度假酒店

电话：0898-38336666

君临海逸别墅度假酒店

电话：0898-83302550

香水湾书香海景别墅酒店

电话：0898-83081111

荣逸温情酒店

电话：0898-37386666

分界洲海钓会所（分界洲岛）

电话：13111965322

万宁日月湾

日月湾沙滩洁白松软细柔，海水湛蓝清澈，不仅是极佳的天然浴场，也是中国最适合冲浪的海湾，被冲浪爱好者定义为世界上拥有高质量定点浪型和海滩浪型的海域之一。日月湾冬季气候温暖宜人，海面上经常形成的大风大浪吸引着来自世界各地的冲浪者，多项国内和国际顶级冲浪赛事每年定期在这里举办。

森林客栈（日月湾冲浪店）

电话：0898-62531111

融创日月湾传奇精品酒店（日月岛）

电话：0898-62216888

万宁石梅湾

万宁石梅湾三面环山，长达 6 千米的海岸线上呈现出碧海、青山、白沙、奇石、岛屿、椰林、溪流等景观，极具原始热带原生态特色，被世界旅游组织专家赞誉为海南现存未开发的最美丽海湾。岸边绵延的茂密青皮林带从清朝开始就被官府立碑保护，如今这里拥有中国面积最大的青皮林带。石梅湾海水清澈，八九米深的海底珊瑚清晰可见，海面上的加井岛仍然保留着原生态景观，是户外运动的理想之地。

石梅湾艾美度假酒店

电话：0898-62528888

石梅湾威斯汀度假酒店

电话：0898-36222222

住一享二

神州半岛喜来登度假酒店

打卡媲美马尔代夫的小众度假胜地

神州半岛，北纬 18°，海南岛东海岸中部，这里是地球上最适合度假的热带区域之一。喜来登度假酒店独拥“神州半岛第一湾”乐涛湾，在长达 700 米的黄金海岸线、5 万平方米的沙白滩阔、海天相连的景致里，旅客可尽情享受这一处世外桃源。

来到这里，约 6 000 米的户外泳池嬉水区域嗨玩一夏，41 洞神州高尔夫球场体验挥杆之乐，冲浪、浮潜、浆板探索水上娱乐，日落吧畔邂逅相见恨晚的晚霞壮景，盛宴西餐厅网罗各国美食，采悦轩中餐厅品尝粤式佳肴……

万宁神州半岛

神州半岛三面环海，一面连接陆地，东依牛标岭，南濒南海，西靠盛产和乐蟹的老爷海，北临东澳港，海面不远处坐落着大洲岛（燕窝岛）和洲仔岛。神州半岛拥有4个美丽的海湾及长达12千米的海岸线，已经建有中国首家复合式酒店喜来登酒店，以及福朋酒店、超五星级酒店君悦酒店、游艇码头、沙滩俱乐部和一座由36个标准洞组成的高尔夫球场。

神州半岛喜来登度假酒店
电话：0898-62538868

神州半岛福朋喜来登酒店
电话：0898-62538838

神州半岛温德姆度假酒店
电话：0898-32018888

朝林松源酒店
电话：0898-62279199

温泉度假 / 酒店

海南岛地处环太平洋火山地震带，一万年前，大规模火山运动造就了这里的大片火山地貌，地热活动至今还在活跃。海南岛已探知温泉点有 300 多处，已开发的水质类型多样，地热资源密度之高居全国榜首，是名副其实的“温泉岛”“健康岛”。海南岛温泉或依山，或傍海，或临河，或与田园浑然一体，相映成趣。海南岛温泉水温高、水质佳，医疗、保健、护肤的价值在国内高居榜首。温泉沐浴、温泉 SPA 还有舒筋活骨、解乏提神之功效。

海口观澜湖火山岩矿温泉

亚洲最大的火山岩矿温泉主题公园位于海口观澜湖，涵盖全球五大洲风格，共设150个冷、热泉汤池及有90间护理套房的SPA水疗中心，可容纳5 000多人同时体验。温泉取自深达800米的火山岩地下，富含氟和偏硅酸，自然水温15°C—43°C。

地址：海口市观澜湖旅游度假区

交通：公交游3路直达，免费内部穿梭巴士运行路线为观澜湖酒店（水疗中心）⇌水世界⇌观澜湖新城⇌电影公社，免费机场穿梭巴士运行路线为观澜湖酒店（水疗中心）⇌海口美兰国际机场

观澜湖度假酒店

电话：0898-68683888

丽思卡尔顿酒店

电话：0898-66836888

万丽酒店

电话：0898-36699666

琼海官塘温泉

官塘温泉因硫化氢含量较高，被称为“鸡蛋臭”温泉，日流量达万吨，温度70°C—90°C，属于含氟、硅、锶的低矿化度、低铁的氯化物重碳型热矿水。地址在琼海市官塘区。

官塘温泉休闲中心
电话：0898-62803000

琼海官塘假日度假酒店
电话：0898-36869999

琼海九曲江温泉

九曲江温泉日出水量7 800吨，水温为69°C—72°C，属于硅、锶、氟型医疗热矿水，是海南最咸的温泉，被输送到12千米外的博鳌水城供各大酒店使用，使得博鳌更加富有生机和魅力。地址在琼海市博鳌镇博鳌水城。

博鳌亚洲论坛大酒店
电话：0898-62966888

博鳌亚洲论坛东屿岛大酒店
电话：0898-62706888

博鳌亚洲论坛金海岸温泉大酒店
电话：0898-62778888

博鳌国宾馆
电话：0898-62629999

博鳌亚洲湾度假酒店
电话：0898-36866888

儋州蓝洋温泉

蓝洋温泉日流量达 2 000 吨以上，水温 43°C—84°C，最高温度达 93.8°C，水中富含氡、偏硅酸以及锌、锶、锂、溴等人体必需的微量元素。地址在儋州市蓝洋温泉度假区。

蓝洋温泉度假村

电话：0898-23358878

三亚南田温泉

南田温泉日出水量 10 000 吨，平均水温 57°C，水中氟含量 2.04mg/L—7.7mg/L，偏硅酸含量 68.51mg/L，氡含量 44.36Bq/L—59.86Bq/L，均达到医疗价值浓度，属氟硅型热矿水，在国家工商总局注册为“神州第一泉”。

地址：三亚市南田温泉度假区

交通：公交海棠 1 号直达

南田温泉好汉坡国际度假酒店

电话：0898-88817666

三亚半岭温泉

半岭温泉东邻落笔洞景区，北靠半岭水库，是海南新开发的温泉。半岭温泉为自流泉，顺山体坡度自然流出，泉水温度最高可达 71°C，为氡温泉，且含有其他多种活性微量元素，有一定的矿化度。

地址：三亚市吉阳区落笔洞
交通：公交 3 路直达

半岭温泉海韵别墅度假酒店
电话：0898-88958888

万宁兴隆温泉

兴隆温泉位于兴隆华侨农场，是海南开发利用最早的温泉，水温四季保持在 60°C 左右，含有对人体有益的可溶性二氧化硅和氟。依托温泉资源和与温泉齐名的兴隆咖啡，兴隆华侨农场发展成为蜚声国内外的旅游度假区。地址在万宁市兴隆旅游度假区。

康乐园海航度假酒店
电话：0898-62568888
中奥温泉度假酒店
电话：0898-62481888

兴隆希尔顿逸林滨湖度假酒店
电话：0898-62266666
兴隆金旅居戴斯度假酒店
电话：0898-62551999

保亭七仙岭温泉

七仙岭下共有 25 个泉眼，日出水量 3 030 吨，温度一般在 70℃左右，最高温度达 93℃，不仅是海南温度最高的温泉，而且是全岛少有的从高处自流的温泉。七仙岭温泉属硅酸重碳钠型温泉，富含锂、锶、锌等多种对人体有益的微量元素，具有较高的医疗保健价值。七仙岭温泉背靠青山，在葱郁林木环绕的温泉区里，袅袅热气升腾缭绕，让人仿佛置身于林中仙境。

地址：保亭黎族苗族自治县七仙岭温泉度假区
交通：从三亚火车站始发的三亚公交城际 1 号直达

七仙岭君澜度假酒店
电话：0898-83888888
七仙岭宝亭荔苑温泉酒店
电话：0898-83666666
七仙岭雨林仙境温泉度假酒店
电话：0898-83889988

七仙瑶池温泉度假酒店
电话：0898-83606666
中南温泉公寓酒店
电话：0898-83855555

森林度假 / 酒店

海南岛生态系统多种多样，生物种类丰富。海南生态环境指数达 92.66，位居全国第一；森林覆盖率达 62.1%，位居全国第二。全省主要森林旅游区空气质量优良，霸王岭、尖峰岭、五指山、七仙岭、铜鼓岭、亚龙湾、吊罗山、呀诺达 8 个主要森林旅游区空气负离子平均浓度一般分别保持在 7 421 个 /cm³、8 300 个 / cm³、7 213 个 / cm³、6 800 个 / cm³、4 791 个 / cm³、5 770 个 / cm³、7 680 个 / cm³、7 520 个 / cm³ 左右，远超世界卫生组织规定的清新空气 1 000—1 500 个 /cm³ 标准，对人体健康极为利。

海南岛热带森林主要分布于五指山、尖峰岭、霸王岭、吊罗山、黎母山等林区，其中五指山属未开发的原始森林。海南岛的热带雨林堪称造物主的杰作，空中花园、植物绞杀、附生寄生、老茎生花、高板根、根抱石、百米根帘等热带雨林植物奇观比比皆是。在这里，游客们可以一边欣赏雨林风景，一边深呼吸森林大氧吧提供的“空气维生素”，越来越多的人参与到登山、漂流、观鸟、科考、探险等活动中。

昌江霸王岭

霸王岭是中国唯一的长臂猿国家级自然保护区。这里山岳连绵，群峰叠翠，林海浩渺，古木参天，自然生态系统保存完整，热带生物资源极其丰富。斧头岭一带是濒危的海南黑冠长臂猿生息的地方，也是保护区的核心区。

地址：昌江县霸王岭国家森林公园

霸王岭雅加度假会议中心

电话：0898-26881888

乐东尖峰岭

尖峰岭拥有全国面积最大、保存最完好、生物多样性指数最高的原始热带雨林。尖峰岭最低处海拔 200 米，主峰海拔 1 412 米，复杂的地形上呈现出七个垂直的植被带谱，拥有 3 000 多种植物及种类繁多的动物。

山水假日酒店

电话：0898-85726555

五指山

五指山因峰峦起伏呈锯齿状，形似五指而得名，第二峰海拔 1 867 米，是海南最高峰。五指山是海南最大的一组山地，也是海南主要江河的发源地，犹如海南岛的绿色心脏，调节着海南中部地区及整个海岛的气候和生态系统。

五指山亚泰雨林酒店

电话：0898-38620000

医疗旅游 / 医院

海南因独特的地理位置，被大自然赐予了丰富的热带药用植物资源。海南是一座“天然药库”，有药用植物资源 3 000 余种，占全国药用植物总数的 40%，其中槟榔、益智、砂仁、巴戟被称为“四大南药”。海南黎族人民在三千年的繁衍生息中积累了大量的经验，黎族民间医生在应用黎药的方式上也有着自己鲜明的特色。随着一批具有国内和国际先进水平的医疗机构的建成及原有特色医疗机构的升级，海南医疗旅游产品越来越受到国内外游客的欢迎。

2013 年，国务院正式批复海南设立博鳌乐城国际医疗旅游先行区。2020 年 6 月 16 日，海南省颁发《海南自由贸易港博鳌乐城国际医疗旅游先行区条例》，以立法释放海南自由贸易港政策红利，推动博鳌乐城国际医疗旅游先行区高标准、高质量发展。作为中国首个以国际医疗旅游服务、低碳生态社区和国际组织聚集地为主要内容的国家级试验区，该先行区以乐城岛为核心，沿万泉河两岸展开。南岸规划设计以“保健养生”为核心，北岸则以“医学治疗”为核心，现已逐步在干细胞临床研究、肿瘤治疗、医美抗衰和辅助生殖 4 个领域形成产业集聚。

博鳌超级医院 / 和睦家国际医疗中心

地址：琼海市博鳌乐城国际医疗旅游先行区

九价疫苗预约电话：400-891-9191

接诊电话：0898-96120

解放军总医院（301 医院）海南分院

地址：三亚市海棠区

总机电话：0898-38866666

门诊电话：0898-37331234

三亚市中医院国际友好中医疗养院

地址：三亚市凤凰路

总台电话：0898-31525777

敲黑板

在女性恶性肿瘤中，宫颈癌的发病率仅次于乳腺癌，大多数宫颈癌是由人乳头瘤病毒 HPV 感染所致。九价 HPV 疫苗，是用于预防 HPV 感染引起的宫颈癌的疫苗，可以预防 90% 以上的宫颈癌。HPV 疫苗是全球销售额排名仅次于十三价肺炎球菌结合疫苗的第二大疫苗，博鳌超级医院和睦家疫苗中心是中国内地第一家被批准提供正规渠道进口的、质量有保证的九价 HPV 疫苗的医院。

高尔夫旅游/球会

海南拥有开展高尔夫旅游不可多得的资源优势，有宜人的气候、明媚的阳光、湛蓝的海水、迷人的沙滩、清新的空气以及淳朴的民风。当冬季来临，北方已是冰天雪地、草枯叶黄，而海南的高尔夫球场仍是满目青翠、温暖如春，长夏无冬的优越气候条件使海南一年四季都可以任由人们潇洒挥杆。海南共有 45 家高尔夫球会，有的建在江河湖海中间的小岛上，有的傍海依山而建，有的建在温泉度假区内，有的建在热带田园之间，还有的建在火山岩地貌之上，球手们在体验风格迥异的球场的同时，也能携家人一起饱览海南旖旎的风光。

海南主要高尔夫球会名录

序号	名称	地址	球场类型	球洞	电话
1	观澜湖高尔夫球会·海口	海口市观澜湖大道	火山岩	180洞	0898-68683888
2	美视五月花国际高尔夫球会	海口市滨海大道	滨海城市林地	27 洞	0898-68718888
3	西海岸高尔夫球会	海口市西海岸滨海西路	滨海	18 洞	0898-68703180
4	依必朗高尔夫球会	海口市红旗镇	平原	18 洞	0898-65630000
5	中信台达高尔夫球会	海口市云龙镇	平原	18 洞	0898-65721555
6	南洋河原生态高尔夫球会	海口市大致坡镇	森林	18 洞	0898-68597699
7	三公里国际高尔夫球会	海口市新大洲大道	山地	18 洞	0898-65821111
8	美兰高尔夫俱乐部	海口市演丰镇	湖景	27 洞	0898-65748888
9	博鳌亚洲论坛国际会议中心高尔夫球会	琼海市博鳌东屿岛	滨海	18 洞	0898-62966008

续表

序号	名称	地址	球场类型	球洞	电话
10	博鳌高尔夫乡村俱乐部	琼海市博鳌沙坡岛	全岛型林克斯	18 洞	0898-62778819
11	博鳌山钦湾高尔夫俱乐部	琼海市博鳌中信山钦湾	海岛山崖海景	36 洞	—
12	长涛·美岭湖（白石岭）温泉高尔夫球会	琼海市官塘白石岭风景区	花园景观	18 洞	0898-62699999
13	兴隆康乐园高尔夫球会	万宁市兴隆区	丘陵	54 洞	0898-62576996
14	神州半岛高尔夫球会	万宁市神州半岛	滨海林克斯	41 洞	0898-36220000
15	清水湾高尔夫球会	陵水黎族自治县英州镇	滨海	36 洞	0898-83359038
16	鉴湖·蓝湾高尔夫球会	陵水黎族自治县清水湾	热带花园林克斯	18 洞	0898-38329999
17	香水湾高尔夫俱乐部	陵水黎族自治县香水湾	山地滨海	9 洞	0898-83345160
18	鹿回头高尔夫球会	三亚鹿回头半岛南侧	滨海	18 洞	0898-88338888
19	亚龙湾红峡谷高尔夫球会	三亚市亚龙湾	湖景、沙漠、山地相结合	27 洞	0898-88564488
20	亚龙湾高尔夫球会	三亚市亚龙湾	滨海度假	18 洞	0898-88565888
21	龙泉谷高尔夫球会	三亚市吉阳镇荔枝沟	山地	18 洞	0898-38868800
22	甘什岭森林高尔夫俱乐部	三亚市田独镇大茅管理区	森林山地	18 洞	0898-31888899
23	神泉国际高尔夫俱乐部	三亚市海棠湾南田温泉	山地	36 洞	0898-31888088
24	海棠湾海中海高尔夫球会	三亚市海棠湾青田村	山地	18 洞	0898-31501999
25	七仙岭温泉高尔夫球会	保亭黎族苗族自治县七仙岭温泉度假区	山地	18 洞	0898-83888600
26	海垦七仙岭国际高尔夫球会	保亭黎族苗族自治县七仙岭温泉度假区	山地	18 洞	0898-31831111
27	宁远高尔夫球会	保亭黎族苗族自治县陵保公路 40 千米处	山地	18 洞	0898-38661999
28	古盐田高尔夫俱乐部	儋州市三都镇	林克斯	18 洞	0898-36998222
29	月亮湾高尔夫球会	澄迈县老城镇美儒村	丘陵	27 洞	0898-68701048
30	美浪湾高尔夫球会	澄迈县大丰镇金马大道	山地	18 洞	0898-67608888
31	富力红树湾高尔夫球会	澄迈县大丰镇富力红树湾	滨海	18 洞	0898-36967111
32	东方牧歌高尔夫球会	东方市高坡岭水库	林克斯	18 洞	0898-25568666

婚庆旅游 / 十佳品牌

古往今来，婚礼是世人公认的人生“天大喜事”。在海南岛这座爱情岛、浪漫岛、蜜月岛、婚庆岛上，与最爱的人举行神圣的婚礼，这是真正的“天大喜事”。海滩、森林、邮轮、直升机都是新人们举办婚礼的绝佳之地。在热气球上，在火山之巅，在海底世界，在宗教圣殿，在黎苗茅屋……新人们放飞蝴蝶，与鱼儿共舞，享受烛光红酒、鲜花水果、海鲜美味、温泉 SPA，一个个婚礼经历了火山结缘、天涯盟誓、南山祈福、海底见证，沐浴了阳光、海水、海风、雨林，凝聚了浪漫和幸福，成就了生命的永恒。

十大浪漫酒店

三亚亚龙湾瑞吉度假酒店
三亚丽思卡尔顿酒店
三亚喜来登度假酒店
三亚海棠湾 JW 万豪度假酒店
三亚海棠湾民生威斯汀度假酒店
三亚半山半岛洲际度假酒店
三亚悦榕庄
琼海博鳌金湾康斯宾悦度假酒店
万宁神州半岛喜来登度假酒店
海口香格里拉大酒店

十佳婚庆产品提供商

海口万豪酒店
三亚亚龙湾热带天堂森林公园
三亚映像文化传播有限公司
三亚爱之旅高端婚礼顾问
三亚 IDO 旅行婚礼日志
三亚半山半岛安纳塔拉度假酒店
七仙岭希尔顿逸林温泉度假酒店
三亚市天涯海角婚庆服务发展有限公司
三亚微奢婚礼文化发展有限公司
海南喜喜之缘婚庆文化传媒有限公司

十大婚纱摄影机构

三亚索菲亚文化传媒有限公司
海口美兰金夫人婚纱影楼
三亚海漫飞丝婚纱摄影
三亚克拉视觉婚纱摄影有限公司
海南时尚巴黎婚纱摄影有限公司
三亚蒙娜丽莎婚纱店
三亚巴黎经典婚纱摄影有限公司
海口尚品婚纱摄影
三亚青禾视觉婚纱摄影中心
三亚纽约纽约时尚婚纱摄影中心

十大浪漫景区

三亚凤凰岭海誓山盟景区
陵水分界洲岛旅游景区
三亚大小洞天风景区
保亭槟榔谷黎苗文化旅游区
三亚蜈支洲岛旅游区
三亚南山文化旅游区
陵水南湾猴岛一号沙滩
三亚亚龙湾热带天堂森林公园
保亭呀诺达雨林文化旅游区
三亚西岛海洋文化旅游度假区

婚礼特色产品提供商

海口民间旅行社有限公司
海南广电国际旅行社有限公司
海之缘国际旅行社
三亚红珊瑚海洋运动俱乐部有限公司

观鸟旅游 / 观鸟点

如今，观鸟在国内外已悄然成为时尚，越来越多的人们加入到观鸟行列，成为生态旅游的一个特色群体。到户外观鸟，不仅可以放松身心，而且可以促使人们关爱生灵，更懂得保护大自然。

海南地处热带，拥有保存完好的自然环境和多样化的生态环境，这使得海南的鸟类品种非常丰富。海南位于东亚与澳大利亚之间水鸟迁飞路线上，每年9月到次年4月，会有数以万计的水鸟途经海南，或者在海南过冬。海南有鸟类440多种，约占中国鸟类总数的三分之一，有些在内地难见踪迹的热带鸟种在海南却是常见的，山鹧鸪、海南孔雀雉、海南柳莺是海南特有的鸟种。

最好的观鸟方式

观鸟者需有爱鸟护鸟之心，而最好的观鸟方式，就是尽量不去打扰它们的生活，包括不追逐、不制造噪声，不刻意靠近鸟群，尤其是不要捕捉。

选择合适的观鸟器材，可以携带轻便的双筒望远镜。

选择合适的衣着，颜色不要太鲜艳，以免使鸟类受到惊吓。

到森林园区观鸟要提前做好防护措施，以免被蚊虫叮咬。

条件允许的情况下，可以携带一本鸟类图鉴口袋书，方便识别鸟类。

海南主要观鸟点

观鸟地区	观鸟地点	目标鸟种
海口市东寨港国家级自然保护区	下塘村	村边沼泽是水鸟最集中的地方之一，有成群的鹭鸟、野鸭和鸻鹬类水鸟，灰雁、麦鸡、水雉和多种野鸭等珍稀淡水湿地鸟类经常出没于此。
	三江大坝	退潮时可以看到鹭鸟和鸻鹬类水鸟齐聚于宽广的滩涂上，鹗、白腹鹞、红隼等猛禽也不时前来掠食。
	塔市保护站滩涂	这里处于鱼塘和滩涂的中间地带，最适合观察潮水对水鸟觅食的影响。每当潮水退去滩涂露出时，大批鸻鹬类水鸟和鹭鸟会迫不及待地赶来觅食。
海口市万绿园	体育馆后草坪	棕背伯劳、鹊鸲、白头鹎、暗绿绣眼、八哥、家八哥、珠颈斑鸠、灰喜鹊、戴胜等在此栖息；戴胜、红耳鹎、白喉红臀鹎、黄腹花蜜鸟等鸟种则在这里繁殖。
	龙珠桥树林	有红嘴蓝鹊、黑喉噪鹛、褐翅鸦鹃等稀有鸟种隐身其中。春、秋季候鸟迁飞时节，可看到多种鹟类、鸫类和鸫类等林鸟。
	海边滩涂	矶鹬和池鹭全年可见，冬季有成群的金眶鸻、沙鸻和灰尾漂鹬出现，翠鸟和白胸翡翠经常不期而至。
	世纪大桥下	海南候鸟大军中数量颇多的丝光椋鸟、灰背椋鸟、柳莺等会一直驻留在此过冬，珠江广场等地路边的行道树是喧闹的丝光椋鸟夜晚的家。

续表

观鸟地区	观鸟地点	目标鸟种
海口市白沙门	公园海滩	这里吸引了不少候鸟前来越冬或过境时在此停留，鸟中颜值最高的仙八色鸫、黄黑白搭配的黄眉姬鹟以及各种柳莺都常常在这里出没。这里的鸟类有 111 种，约占海南省鸟类总数的 26%。
海口市海南大学	东坡湖	湖中央的红树林生态鸟岛与岸边引种的连片红树林，吸引了以丝光椋鸟和灰背椋鸟为主、鹭鸟为辅的大量鸟类来此栖息。每天傍晚是鸟群最集中的时候，可以感受到千鸟归巢的壮观景象。
海口市五源河国家湿地公园	出海口观鸟小屋	每年的 3 月下旬到 7 月下旬，栗喉蜂虎和蓝喉蜂虎都会准时前来海南繁殖，从不间断。
海口市金沙湾湿地	火车站、雅居乐周边	每到炎炎夏日，这里都有成群的栗喉蜂虎和蓝喉蜂虎集群繁殖。此外，这里的鹭鸟和鸻鹬类水鸟的数量和种类也都颇为丰富，秋冬季节还会聚集红颈瓣蹼鹬这种稀有的迁徙鸟类。
海口市美舍河国家湿地公园	椰海大道北侧的凤翔湿地公园	白鹡鸰、白头鹎、白喉红臀鹎是公园里常见的林鸟，乾坤湖中间的几个小岛可以看见小白鹭、池鹭，有时突然从草丛里腾空飞起的是全身栗色的栗苇鳽。
海口市羊山湿地	羊山和永庄水库及那央村周边	在这里活动的主要是淡水湿地鸟类，如翠鸟、秧鸡、水雉、栗树鸭等。在灌草丛里，伯劳、鹨和鹪莺等都很容易找到，偶尔也会发现树莺、苇莺、蝗莺等一些隐秘的鸟种。
海口市大坡镇田心村	村中大树	田心村密林、水塘、田园和民居相互交织，这里是牛背鹭、池鹭和小白鹭的天堂。特别是每年三四月，一群群的白鹭鸟飞回到树上筑巢安家，繁衍后代，在村中民居的屋顶上就可以近距离观赏嗷嗷待哺的小鸟。
三亚市三亚河	沿河两岸	除了全年可见的各种鹭鸟外，春、秋和冬季还可以看到不少鸻鹬类候鸟。冬季傍晚，成百上千只丝光椋鸟和灰背椋鸟飞进红树林里，那场面十分震撼。
	三亚一中河岸	水浅滩宽，距离适中，是观察和拍摄白鹭的最佳地点。
	白鹭公园西侧	红树林是鹭鸟主要夜宿地之一，其下方的滩涂有多种水鸟觅食。涨潮时，泽鹬、青脚鹬、黑翅长脚鹬等水鸟会飞到白鹭公园内湖的小岛浅水区休息。
文昌市东路镇	名人山庄白鹭湖	湖畔树林是白鹭、牛背鹭、大白鹭、苍鹭、灰鹡等候鸟的栖息地，毛鸟、猴面鹰、八哥、鹧鸪、斑鸠等本地鸟类也在此混居。傍晚，返回树林的鸟儿多达上千只，是观鸟和拍摄的好时机。
文昌市七洲列岛	北岛	岛上的悬崖是燕鸥类海鸟的繁殖地，数量多达上万只，种类以褐翅燕鸥为主。
临高县新盈红树林国家湿地公园	新盈镇和贵村	后海湾大坝两侧及南侧的红树林是黑脸琵鹭固定的午休场所，鱼塘里同时伴有野鸭；北侧的滩涂是黑脸琵鹭的觅食地，多种鹭鸟和鸻鹬类也在此觅食，不少红嘴鸥和红嘴巨鸥等鸥类也会在这里过冬；村外鱼塘里有成群的野鸭，附近的树林还可找到成群的火斑鸠和少见的灰山椒鸟，海南特别罕见的黄嘴白鹭也曾经在这里被记录到。
昌江黎族自治县霸王岭国家级自然保护区	雅加保护站、东一保护站	主要有山皇鸠、厚嘴绿鸠、海南孔雀雉、白鹇、原鸡、纯蓝仙鹟、蓝背八色鸫、印支绿鹊等特色林鸟。
昌江黎族自治县海尾湿地公园	入口处及别墅区	全年都可以看到董鸡、栗树鸭及有“世界最美水鸟”之称的紫水鸡，冬季更有水雉、鹭鸟和各种野鸭加入。
东方市黑脸琵鹭省级自然保护区	四必湾	这里的滩涂是黑脸琵鹭的主要觅食区。冬季有黑脸琵鹭、苍鹭、小白鹭、大白鹭、白腰勺鹬等各种水鸟在此活动。
乐东黎族自治县尖峰岭国家森林公园	天池避暑山庄、鸣凤谷	主要有塔尾树鹊、淡紫䴓、冕雀、海南柳莺、红头咬鹃、大黄冠啄木鸟、斑颈穗鹛、三趾翠鸟等特色林鸟。
琼中黎族苗族自治县湾岭镇古月山庄	山庄 1—4 号观鸟楼	全年都可看到栗树鸭，冬季数量较多。
三沙市西沙群岛	东岛（鸟岛）	东岛是红脚鲣鸟在西太平洋最大的繁殖地，这里的红脚鲣鸟数量达 3 万多对。除平时可以见到的多种燕鸥外，这里也是褐鲣鸟和军舰鸟的繁殖地，稀少的黑嘴端凤头燕鸥也曾在这里被发现。鲣鸟喜欢尾随轮船捕食飞鱼，西沙邮轮在抵近西沙群岛前常有几十甚至数百只鲣鸟在邮轮上空和两侧飞翔，是难得的拍摄机会。

海南省动物学会观鸟专业委员会（海南观鸟会） **微信公众号：**海南观鸟会 **海南观鸟微信群：**海南观鸟会

海上运动/基地/俱乐部

海南丰富的海洋资源和宜人的气候环境使其成为享誉海内外的海上运动胜地，数十处已经完成或正在进行旅游开发的海湾、海岛、半岛等旅游休闲度假区配套了各式各样的海上游乐项目，如游艇、帆船、潜水、摩托艇、拖曳伞、冲浪、帆板、海钓、拉网捕鱼……

敲黑板

海南全年都适合开展海上运动。三亚半山半岛国际帆船学校已建成并对外招生，三亚正逐步成为中国的“帆船之都”。海口西秀海滩是国家帆船帆板基地，国家和各省市专业队每年冬季都会来此展开训练，越来越多的市民和游客平时也来报名参加俱乐部的各项训练。

游艇

游艇集航海、运动、娱乐、休闲等功能于一体，老少皆宜，颇受人们的欢迎。在海南，人们通常会使用无动力帆船、动力游艇和小型快艇。无动力帆船是利用作用于帆上的自然风力前行的船，由多人驾驶，竞技、娱乐、观赏和探险兼而有之，备受年轻小团体的喜爱；动力游艇行驶稳定，设施齐全且豪华，适合家庭、婚纱摄影、派对等出游；小型快艇适合单人驾驶，劈风斩浪，是喜欢冒险、追求刺激的年轻人之所爱。

新埠岛国际游艇会
地址：海口市新埠岛西苑路
电话：0898-66105588

华彩 · 杰鹏游艇会
地址：海口市海甸岛碧海大道
电话：0898-66292216

海南贵族游艇会
地址：海口市西海岸滨海大道
电话：0898-68627777

华润石梅湾国际游艇会
地址：万宁市石梅湾
电话：0898-62169966

清水湾游艇会
地址：陵水黎族自治县清水湾
电话：0898-83356666

亚龙湾国际游艇会
地址：三亚市亚龙湾
电话：0898-88886789

半山半岛帆船港
地址：三亚市鹿回头路
电话：0898-88839999

鸿洲国际游艇会
地址：三亚市榆亚路鸿洲时代海岸
电话：0898-88600388

潜水

海南岛地处热带地区，年平均气温在23°C—26°C，一年中绝大多数时间可以潜水。海南主要旅游海湾均保持一、二类海水水质，达到或优于国家海水水质标准中的海水浴场标准，海水能见度均在10米以上，西沙群岛的海水能见度甚至达到了30米。海南最值得骄傲的是遍布海岸线的环岛珊瑚礁，由于海底生态系统保护较好，依附珊瑚礁繁衍的海底生物丰富多样且五彩缤纷，三亚海域面积达40平方千米的珊瑚礁是中国唯一的国家级珊瑚礁自然保护区。

三亚市蜈支洲岛

潜水公司：海南蜈支洲旅游开发股份有限公司

电话：0898-88811191

三亚市亚龙湾

潜水公司：海南亚龙湾环岛海底世界旅游有限公司

电话：0898-88565588

陵水黎族自治县分界洲岛

潜水公司：海南分界洲旅游股份有限公司

电话：0898-83349999

三亚市西岛

潜水公司：三亚西岛大洲旅业有限公司

电话：0898-88910888

三亚市小东海

潜水公司：三亚潜水技术培训中心

电话：0898-88212079

三亚市大东海

潜水公司：三亚百乐旅业开发有限公司

电话：0898-88675122

敲黑板

海南潜水最成熟海域：小东海、西岛、情人湾、亚龙湾、蜈支洲、皇后湾、牛车湾、石梅湾、太阳湾、百福湾、分界洲。这些海域都有合法的潜水俱乐部（公司）驻扎，提供各种潜水项目，如水肺潜水、浮潜、海底观光船等，多数潜水俱乐部同时提供摩托艇、香蕉船、拖曳伞及沙滩娱乐项目，满足不同兴趣爱好的游人的体验需求。

冲浪

世界上有很多的冲浪爱好者，中国也有越来越多的人开始参与冲浪这项时尚、健康、刺激的运动。每年 10 月到次年 4 月，中国大陆地区大部分被冷空气控制，而此时却是海南岛周边海域的最佳冲浪季节。海南的海浪不大，但比较长且集中，既适合初学者学习，又适合职业选手展示技巧。万宁日月湾每年冬季都会举办六场高水平冲浪比赛，其中，世界女子长板职业冲浪赛、世界男子长板职业冲浪赛、ASP 国际男子短板赛吸引了世界各地的冲浪爱好者。

“戒浪 · 不” 冲浪俱乐部

地址：万宁市日月湾森林客栈

电话：18889144033

微信公众号：戒浪不 Jalenboo 冲浪俱乐部

盘古掌冲浪俱乐部

地址：万宁市日月湾沙滩

电话：15008961067

沙卡冲浪俱乐部

地址：万宁市日月湾沙滩

电话：18289538653

神州半岛沙滩俱乐部

地址：万宁市东澳镇神州半岛

电话：0898-36218868

海口市国家帆船基地公共码头

地址：海口市西秀海滩

电话：13876391222

海钓

海钓被称为“海上高尔夫”，这大概是因为海钓比在江河湖泊进行的垂钓更具运动的魅力，更具观赏的价值。人们常说“钓翁之意不在鱼，在乎山水之间也”，垂钓之人接触的是自然，追逐的是刺激，收获的是喜悦，领悟的是人生乐趣。海南岛的海岸线上既有岩礁嶙峋的海岸、宽阔的沙滩，也有数不清的渔港码头，周边还有数百个无人小岛，优良的钓场数不胜数。海南的海域海底珊瑚遍布，鱼群种类繁多，除偶见台风、暴雨等天气外，一年中多数时间都可以垂钓，是名副其实的海钓天堂。

敲黑板

钓鱼简单分为海钓和淡水钓。海钓基于场地分为矶钓、滩钓、筏钓、船钓。矶钓即在礁石上钓获，是最常用的一种海钓方式；滩钓即沙滩抛钓，是一种古老的钓鱼方式，相对比较安全；筏钓指在渔筏、渔排、近岸小船上垂钓；船钓是离岸较远的一种钓法，分为浮游、沉底、拖曳。

海南主要海钓点

地区	钓点及钓法	主要鱼种
海口市	南港码头两堤的内外，适合矶钓、筏钓。	黑鲷、白鲷、红友、石斑、鹦哥、白鲳、泥猛、鲈鱼、军曹、黄脚立等。
	新海村防波堤，适合抛钓、矶钓。	石斑、鲻鱼、黑鲷等。
	万绿园观海路防波堤，适合抛钓、浮游型矶钓。	大鲈鱼、小石斑鱼、泥猛、黑鲷。
	海甸岛防波堤，适合抛钓、矶钓。	大鲈鱼、小石斑鱼、黑鲷、黄脚立、沙锥、鳐鱼。
文昌市	铺前港，适合筏钓、船钓或矶钓。	黑鲷居多，另有红友、石斑等。
	铜鼓岭岭头，佛光、外礁、云龙沙滩，每个钓位适合的钓法和可能出现的鱼种各不相同。	岭头以三点鲳为主，佛光以三点鲳和泥猛为主，外礁以泥猛为主，云龙以鲷类为主。其他还有石斑、连尖、海鳗、青衣、金鼓等。
	东郊椰林，适合筏钓、矶钓。	鱵鱼居多，另有红友、鲈鱼、海鳗及石斑等。
	木兰角，适合抛钓、矶钓。	裸颊鲷居多，也有黄尾鲷、火点、石斑等。
	七洲列岛，适合浮游矶钓、重矶钓、定位船钓、拖钓。	真鲷、幽面、红友、红鱼、马鲛、金枪、海狼、牛港、石斑、章雄、青衣、带鱼。
琼海市	潭门港航道区域、港外渔排，适合矶钓、筏钓。	鲈鱼、黑鲷、茂公、石斑、海鳗等。
临高县	马袅港码头东侧渔排，适合筏钓、码头抛钓。	黑鲷、黄尾鲷、石斑、海鳗等。
	新盈港后水湾渔排，适合筏钓、抛钓、矶钓。	黑鲷、黄尾鲷、红友、金鼓、石斑等。
万宁市	加井岛，适合矶钓、传统底钓、重矶钓、定位船钓等多种钓法。	幽面、红友、红鱼、刺鲑、海狼、牛港、石斑、青衣、白鲳等。
陵水黎族自治县	新村港，适合筏钓、船钓、浮游矶钓等多种钓法，特别适合筏钓。	黑鲷、红点臭肚、剥皮、石斑、青衣、鹦哥、苏眉、鹤针、幽面、红友、鲨鱼、牛港、连尖、鲣鱼等。
三亚市	亚龙湾及野猪岛，适合矶钓、船钓。	以珊瑚鱼居多，另有红友、石斑等。
	大东海东侧海滩及山海天酒店南侧礁石，适合矶钓、抛钓。	青衣、杂衣、石斑、海鳗、连尖、泥猛及各种珊瑚鱼。
	蜈支洲，适合矶钓、船钓。	红点臭肚、石斑、青衣、鹦哥、苏眉、鹤针、泥猛、幽面、红友、鲨鱼、牛港、连尖、各类珊瑚鱼等。
	铁炉港渔排，适合筏钓、矶钓。	鲈鱼、黑鲷、红友、三点鲳、青衣、杂衣、鹦哥、牛港、泥猛、石斑、海鳗、连尖。
	东岛双扉石，适合矶钓、船钓。	石斑、青衣、海鲤、河豚、海鳗、红鱼、鹦哥等。
	西岛，适合筏钓、船钓、矶钓。	青衣、泥猛、杨鱼、海鲤、金鳞、笛鲷、雀鲷、石斑、象鱼、石狗公、鹦哥、黄尾等。
三沙市	永兴岛、七连屿周围海域，适合矶钓、船钓。	石斑、连尖、海狼、牛港、马鲛、河豚、青衣、正吊、鲳鲭、海底飞龙、鲣鱼、金枪等。

节庆会展赛事

环海南岛国际大帆船赛
时间：11—12 月
地点：海南省沿海各市县

博鳌亚洲论坛年会
时间：3—4 月
地点：琼海市博鳌镇

黎族苗族“三月三”
时间：3—4 月
地点：海南黎苗族各市县

司南杯大帆船赛
时间：4 月
地点：三亚市鸿洲国际游艇会

首届中国国际消费品博览会
时间：5 月
地点：海口市海南国际会展中心

海南乡村旅游文化节
时间：5—6 月
地点：海南省各市县

克利伯环球帆船赛
时间：8 月
地点：三亚市半山半岛帆船港及全球各站

海南七仙温泉嬉水节
时间：8 月
地点：保亭黎族苗族自治县

全国海钓俱乐部精英邀请赛暨国际海钓精英邀请赛
时间：10 月
地点：文昌市

海南高尔夫球公开赛暨欧巡挑战赛
时间：10 月
地点：海口市、三亚市、洋浦开发区

环海南岛国际公路自行车赛
时间：10—11 月
地点：环海南岛

万宁国际冲浪赛
时间：11 月
地点：万宁市日月湾

全国冲浪锦标、冠军赛
时间：11—12 月
地点：万宁市日月湾

中国 · 三亚天涯海角国际婚庆节
时间：11 月
地点：三亚市天涯海角游览区

海南世界休闲旅游博览会
时间：11 月
地点：海口市海南国际会展中心

海南国际旅游美食博览会
时间：11 月
地点：海口市海南国际会展中心

海南国际旅游岛欢乐节
时间：11—12 月
地点：海南省各市县

海天盛筵——中国游艇、航空及时尚生活方式展
时间：12 月
地点：三亚市鸿洲时代海岸

中国（海南）国际热带农产品冬季交易会
时间：12 月
地点：海口市海南国际会展中心

中华龙舟大赛总决赛
时间：12 月
地点：陵水黎族自治县

美物 / 海南礼物

来海南旅游，能带走的除了美好的旅行回忆，还有丰富多样的伴手礼。海南以“海南礼物”品牌为载体，着力打造海南黎锦苗绣、椰壳贝艺、海南木雕、椰子食品、咖啡茶叶、热带水果六大特色商品品牌，推进特色食品、丝绸织锦、文化创意等十类旅游商品开发。“海南礼物”推出了线上交易平台和线下销售网络，游客可在手机上或在海口、三亚等地的多个度假区、酒店的实体门店购买到独具特色、高质量的海南旅游纪念品。

黎锦 / 光辉艳若云

黎锦是黎族人用原始的纺织工具以手工织出的一种花布，有纺、织、染、绣四大工艺。宋末元初的黄道婆把她在海南流落近 30 年中学到的黎族织造技术带回故乡松江府（上海），改革后加以推广，极大地推动了中国棉纺织业的发展，黎锦工艺也成为中国棉纺织工艺的鼻祖。黎锦早在春秋时期就已负盛名，其用于红白喜事仪式中的顶级织品——“龙被”在元、明、清三朝是皇家贡品，“黎锦光辉艳若云”就是古人对黎锦发出的真实赞美。现在的黎锦旅游纪念品有筒裙、挂包、头巾、花带、包带等，一般是红、黄、黑、白几种色彩混合构成奇花异草、飞禽走兽、人物活动、黎族图腾大力神等丰富图案。

椰雕 / 漂流的种子

椰树原产于马来群岛，通过海上漂流“移居”到海南，海南人工种植椰树至今已有 2 000 多年的历史。椰树浑身都是宝，椰雕是用椰子的果壳进行雕刻的古老技艺，被列入国家级非物质文化遗产名录。市场上有椰雕画、椰壳娃娃、灯罩、小壶、钥匙扣及其他小饰件等椰雕工艺品。

沉香 / 涅槃重生的芬芳

沉香树在我国只有一个树种，就是属热带及亚热带常绿乔木瑞香科的白木香树，它又叫沉水香木，学名“土沉香”。沉香树在外力致损后分泌和集结的树脂简称“沉香”，又名崖香、琼脂。沉香既是珍贵药材，又是极品香料。海南沉香是世界上最好的沉香之一，其最明显的特点是香气甜美、浑厚。古书称：“占城不若真腊，真腊不若海南黎峒……冠绝天下，谓之海南沉，一片万钱。”野生条件下的沉香树要真正形成沉香需要数十年甚至上百年，故天然沉香可以说是无价之宝。现今在国内及东南亚，野生沉香树已难觅其踪，不过我国早在宋朝就开始人工种植沉香树，在人工干预下，沉香树一般八至十年就能产香。沉香按照材质、品质和需要被制成了不同的香品：工艺品、香油、熏香品及药材等。

土沉香和黄花梨

土沉香不仅被列入国家重点保护野生植物名录（二级），也是限制国际间贸易的《濒危野生动植物种国际贸易公约》（即华盛顿公约，英文缩写为CITES）附录Ⅱ保护的物种。黄花梨被列入中国珍稀濒危保护植物名录（二级）。

非法采伐、交易、运输天然树种都属犯罪行为。

黄花梨/封存的时光

花梨木是世界上最珍贵的硬木之一，被誉为“木黄金”。海南产的花梨木被叫作“黄花梨”，学名“降香黄檀”，属蝶形花科，也是海南省的省树。黄花梨“极易成活，极难成材”，海南特殊的自然环境和热带气候造就了黄花梨与众不同的品质，其花纹美丽，色泽柔和，香气袭人，进行颜色调配后，可呈现出浅黄色、深黄色、深褐色、紫色等各种颜色，是制作家具、工艺品的上佳木料。黄花梨可用且珍贵的部分是“树芯”（又称“格”），一般来说，野生环境下生长的黄花梨树龄至少要达到50年以上才有可能结出可用的芯材，人工种植也需要30年，而海南人工种植黄花梨的历史最早也才十几年。据记载，野生黄花梨早在明末清初就濒临灭绝，目前市场上流通的所谓“黄花梨”绝大多数是东南亚国家的花梨木，还有的根本就是鱼目混珠，购买时需要仔细辨别。

花梨也有公母之分

之前海南黄花梨的植物学名称为海南黄檀，1984年，专家进行了重新分类，确定本地人叫的“花梨公”仍沿用“海南黄檀”的称谓，而“花梨母”新定名为降香黄檀，也就是现在人们说的海南黄花梨。二者都属豆科黄檀属，外形颇为相似，材质却不同。花梨公木材为淡黄色至黄褐色，材质疏松，无芯材或少芯材，无香气，又叫“糠梨”；花梨母有红褐色芯材，质地坚硬沉重，纹理致密，有香味，可作香料和镇痛药用，又叫“油梨”。

珍珠/生命的结晶

珍珠是一种古老的有机宝石，也是唯一不需要加工就天然生成并带有神奇生命力的珠宝。中国早在两千多年前就已经开始开采和使用珍珠了，海南岛是当时天然珍珠的主要开采地。但由于环境变化和过度捕采，目前全世界很少有天然珍珠被发现，市场上见到的均为人工养殖珍珠。珍珠的品质和价格是由珍珠的成长年限、大小、圆润程度、色泽、辅料及加工技术决定的，普通人未必能识别。海南的珍珠品牌在国内外都享有盛誉，京润、海润、海钰等珍珠企业都曾多次荣获国内外大奖。海钰珍珠还是唯一在海南建有珍珠养殖基地且目前中国唯一能生产黑珍珠的企业。

贝雕 / 海洋雕刻的工艺

海南是热带海底贝类生物的乐园，这里的贝类品种繁多，形状奇特，色彩斑斓。其中，虎斑贝、白玉贝、夜光贝、五爪螺、猪母螺、珍珠贝、贞洁螺、唐冠螺、七角贝、猪耳壳、马蹄螺、角螺等，几乎不用雕琢就能成为惹人喜爱的天然工艺品。许多贝壳稍加雕琢打磨，或与其他材料进行镶嵌加工，就可制成各种工艺品，而贝雕是贝类工艺品中的阳春白雪，最值得称道。

敲黑板

国内动物保护一直以来实行双轨制。第一，按照国家重点保护野生动物名录把保护物种分为国家一级、二级、三级保护动物；第二，按照《濒危野生动植物种国际贸易公约》附录内容保护相关野生动物。海南省同时执行《海南省珊瑚礁和砗磲保护规定》。

根据上述规定，海南的砗磲贝、鹦鹉螺、冠螺（成体称唐冠螺，幼体称花冠螺）、虎斑贝（10年宝螺）、大珠母贝、苍珊瑚、石珊瑚等及其制品均被列为禁止出售、购买、运输的物种，在选购纪念品时务必仔细辨别。

星月菩提 / 修行的法器

《妙臂菩萨所问经》曰：“菩提子，金刚子，莲华子，木槵子，及砗磲诸宝等为珠，凡持诵时，真言印契，收摄其心……”菩提子（佛珠）在僧人手中是数珠法器，在文人雅士手中就变成了备受推崇的文玩。市面上有多达几十甚至上百种用坚果类植物种子做成的菩提子手串珠饰，其中，星月菩提被称为世界“四大名珠”之一，最具收藏价值。星月菩提是坚硬的黄藤籽，外表呈酒红色，珠面布有均匀的黑点，中间有一个凹的圆圈，状如繁星捧月，故名为星月菩提。

敲黑板

黄藤主要产自海南、云南、广西、广东及东南亚等地，其中尤以海南的品质最佳。海南文昌会文镇甚至形成了全国最大的佛珠生产基地，其星月菩提佛珠产品远销国外。随着国内文玩市场的迅猛发展，黄藤被肆意采伐，高品质的星月菩提在海南的森林中已经很难找到，造假现象较为常见。如果买来收藏，需要注意鉴别。

胡椒 / 传奇的种子

海南盛产胡椒，成品的胡椒分为胡椒粒和研磨后的胡椒粉两种。胡椒粒又有黑、白两种之分，采摘下来未去皮的青胡椒粒经过流水浸泡、微生物发酵、暴晒后就形成黑胡椒，青胡椒粒经过加工去掉表皮就成了白胡椒。白胡椒一般用作熟食品的调料，黑胡椒主要作药用或者炖煮用。胡椒全身是宝，胡椒根和胡椒粒一样具有很高的药用价值。胡椒是“海上丝路”的香料贸易商品之一，在中世纪的欧洲，胡椒往往是给战争中勇士的奖赏，所以说胡椒就如“传奇的种子”在世界各地传播。

山栏酒 / 古老的琼浆玉液

黎族人在山栏糯米(一种旱稻)饭里拌以用红米、姜叶、甘蔗和香皮树皮特制的酒饼，裹上芭蕉叶装入锥形的竹篮中，使其自行发酵。数天后，酒香扑鼻而来，用竹筷在竹篮底部捅一小孔，下面放酒坛，酒水便会滴入酒坛中，黎族人称之为“酒滴”，也叫“甜糟”，是养颜滋补的佳品。之后，将酒坛密封后深埋地下，过三五年取出，则“甜糟”化为红黑色的浆液，酒香浓郁，黎族人称之为“biang 酒”。

茶叶 / 季节的使者

气候宜人，万物生长，正所谓“好山好水育好茶”。红茶、绿茶、雪茶、鹧鸪茶、苦丁茶、香兰茶、槟榔果茶……海南有多种茶叶，以五指山红茶、白沙绿茶和澄迈苦丁茶为代表，三者均被认定为中国国家地理标志产品。五指山红茶属大叶种茶树，有白马岭、椰仙、印象水满、苗绿香、水满香、竹满红、水满润红、品香园及雨林紫鹃系列等多个知名茶叶品牌；白沙绿茶由海垦茶叶集团白沙农场茶厂种植，茶树有海南、云南的大叶种与福建水仙、乌龙四个优良品种；澄迈苦丁茶从五指山热带丛林中引种而来，不同于云贵川等地出产的属于枸骨刺种的苦丁茶，澄迈苦丁茶属冬青科苦丁茶冬青种，味苦淡而回甘浓，被誉为药、饮兼用的保健珍品。

咖啡 / 中西文化的交融

海南是中国最早种植咖啡的地区之一，20 世纪 50 年代，东南亚归侨在把咖啡种子种苗和加工技术引入海南的同时，也把喝咖啡的习惯带给家乡的父老乡亲，咖啡文化与本土文化巧妙融合，成为海南独有的文化现象。不论是繁华闹市，还是僻静乡村，从茶店到寻常百姓家里，都散发着咖啡的香气。海南已形成了福山咖啡和兴隆咖啡两大品牌，产品也形成炭烧、椰奶、拿铁、卡布奇诺等各种风格。

海鲜干货 / 海的味道

海口博爱路东门集贸市场集中了日常大多数海鲜产品，也是海南最大的海产干货市场。市场长不过百米，摊档好几十家，有鱿鱼、墨鱼、鱼翅、鱼肚、虾米、鲍鱼、海蛇、海参、贻贝、扇贝、沙虫等海鲜和海产干货。这里的海产品不仅品种多样，而且质量好，价格也公道。三亚解放一路和河西路之间的第一农贸市场是三亚市最大的农贸市场，也是海鲜和海产干货的集中地。

热带水果 / 四季飘香

刚到海南的人可能暂时还不太适应南国的饮食，但是热带水果却是对肠胃的最好犒赏。海南有很多热带水果可以当饮料喝，当零食吃。热带水果不但味美，还饱含着浓郁的热带风味和风情。无论何时，海南都不缺时令水果，常见的热带水果有椰子、杧果、菠萝、荔枝、香蕉、芭蕉、阳桃、龙眼、山竹子、番荔枝、番石榴、木瓜、洋蒲桃、西番莲、人心果、红毛丹、鸡蛋果、蛋黄果、黄皮、台湾青枣，还有闻起来臭烘烘、吃起来香喷喷的波罗蜜，以及吃了会醉人的槟榔果……有些商家还独出心裁地把热带水果烹制成水果宴、椰子宴，特别受年轻人推崇。

热带果肉 / 琳琅满目

海南的果肉食品以椰肉为主，还有腰果、杧果干、龙眼干等热带水果制品。椰肉产自老椰果，肉厚、香甜、多油，加工后可制成椰子糖、椰子糕、椰香饼、椰子粉、椰子酱等。

美食/热岛风味

海南独特的热带气候、多样的海岛地形，滋养了富饶的山野奇珍和丰富的海洋物产。海南美食融合了中原饮食文化、闽粤烹调技艺、南洋风味和黎苗食俗，形成了一系列特色鲜明又多元化的美味食谱。除了闻名遐迩的文昌鸡、嘉积鸭、东山羊、和乐蟹这四大名菜外，各地还有自己的招牌菜肴和风味小吃。

海南美食的选料注重鲜美，不活不鲜的食物绝不会入席，清、鲜的食材让海南菜保持了纯正自然的风味。海南菜肴的烹饪手法多为白切、清蒸、清炖、净涮等，极少添加复合型调味品，尽量不破坏食材的营养成分，根据气候环境和人物个体烹制的食药结合、果蔬结合的菜品数不胜数。海南菜肴配料讲究天然、原汁，海南菜一般会搭配多种蘸料，因人而异，各取所需。所以海南菜肴对人体的健康十分有益，也是养生驻颜的绝佳美食。

生猛海鲜

海南海鲜追求“生猛（鲜活）”。首先，食材必须是早上刚刚从海里或养殖场里捞上来的，最好是野生的。其次，烹饪时讲究清淡、原味。厨师会根据顾客的要求使用不同的做法，姜葱爆炒，清蒸加蒜蓉、豆豉，或者以“打边炉（涮火锅）”的形式白水清煮。海南的海鲜种类繁多，有龙虾、海胆、鲨鱼、海鳗、海蛇、海鲤、石斑鱼、刺鲀、红鱼、马鲛鱼、鱿鱼、乌贼、沙虫及虾类、蟹类和各种各样的海螺（当地人对贝类的统称）。

风味小吃

海南各地的地方小吃数不胜数，它们从各自的街巷、集市、村落、乡镇、县城里走出来，又传播到海南各地。清补凉、海南粉、海南炒粉、海白豆芽粉丝煲、牛腩饭、猪脚饭、海鲜粥、黎族竹筒饭、苗族五色饭、海南粽子、椰丝糯米粑、椰香饼、煎堆等这些地方小吃在各地的大街小巷不难寻觅到。在酒楼、餐厅、小吃店、排档和老爸茶店，它们或成为主食，或成为糕点，受到来自天南海北的游客的青睐。

老爸茶

海南有一种排档式的茶店叫作老爸茶店，是海南城市和乡村一道独特的风景线。老爸茶店原是老人们聊天解闷、休闲消遣的场所，客人以男性为主，由于海南民间把上年纪的男性老人尊称为“老爸”，故这种大众茶店就被称作老爸茶店。街头巷尾，树荫里、凉棚下、敞开大门的店铺里，几张或几十张彩色塑胶桌椅就能凑成一家老爸茶店。无论是上午、下午还是晚上，没有空调的老爸茶店总是人头济济，喧闹嘈杂。因为简陋，无须讲究，汗衫、短裤、拖鞋，客人们一身休闲打扮。如今的老爸茶店里，不论男女、老幼、贫富，三五个好友，点一壶不甚名贵的红茶、绿茶或几杯咖啡、牛奶，配上几样中西糕点，花费仅十几至几十元，既经济实惠，又惬意无比。人们交谈的内容上至国内、国外时事，下至家常、彩票、赛事，足能耗上小半天光景。

全景海南 山海览胜

全景
海南
海口旅游

阳光海口拥抱您！

美食集结

美食街 / 夜市

泰龙城小吃街

地址：海口市大同路泰龙城

骑楼小吃风情街

地址：海口市大同路泰龙城旁

海大南门夜市

地址：海口市海甸三西路

福地美食街

地址：海口市忠介路

海垦花园夜市

地址：海口市海垦路

金盘夜市

地址：海口市金盘路

寻尝里夜市

地址：海口市美俗路

滨濂观光夜市

地址：海口市友谊路滨濂村

920 凤翔夜市

地址：海口市椰海大道与中山南路交叉路口东南侧

传统小吃店

亚妹正宗海南粉店

地址：海口市新民西路 64 号

宋记海南粉传承老店

地址：海口市人民西里 140 号

南大桥正宗海南粉老店

地址：海口市龙昆北路人寿大厦与烟草公司中间小巷内

博爱南 129 牛腩店

地址：海口市博爱南路 129 号（近文明中路）

肥婆兰鸡饭

地址：海口市新华南路 32 号

椰语堂（连锁）

地址：海口市金龙路友谊阳光城、海秀东路望海国际广场、美兰国际机场等

文昌邓记清补凉（连锁）

地址：海口市西沙路佳宝大厦、国贸路中诚商场等

海南菜饭店

沿江饭店

地址：海口市龙阳路月朗新村

隆仔鸡饭店（连锁）

地址：海口市文明西路、龙华路等

新海府和乐蟹粥城（连锁）

地址：海口市凤翔东路森林城市酒店、迎宾大道丁村万人海鲜广场

琼菜工美食村（连锁）

地址：海口市金垦路金牛岭公园旁、南海大道等

琼菜坊（连锁）

地址：海口市大同路华侨大厦、白龙南路琼苑宾馆等

龙泉人（连锁）

地址：海口市大同路龙泉大酒店、海秀东路龙泉花园酒店、龙昆南路等

东就鸭饭店（连锁）

地址：海口市滨海大道、西沙路、观澜湖新城等

原味主张椰子鸡（连锁）

地址：海口市玉沙路京华城、大同路友谊商业广场、蓝天路名门广场、中山路骑楼老街等

海鲜排档

板桥海鲜广场

地址：海口市板桥路

丁村万人海鲜广场

地址：海口市迎宾大道

海鲜大世界

地址：海口市新埠岛新埠大道

金水门银河酒楼

地址：海口市新埠桥下桥右拐

连理枝渔家乐

地址：海口市演丰镇山尾头村

曲口正宗海鲜酒楼

地址：海口市演丰镇曲口路口处

石山乳羊

石山羊因海口石山镇得名，此地处于火山岩地貌区，气候湿润，水草茂盛。石山乳羊皮细、肉嫩、骨软，入口不膻不腻，食法分为汤涮、红炖和扣羊肉。其中尤以火锅涮（海南俗称“打边炉”）羊肉最具特色，可配上酸菜、竹笋和青菜等，佐料以什锦酱为主，加入姜泥、蒜泥、香油、炒芝麻、花生米、金橘等，甜中带酸，香味扑鼻。

火山酒家

地址：海口市石山镇火山口国家地质公园

火山泉休闲农庄（农家乐）

地址：海口市南海大道与火山口大道交叉口

羊山休闲公园（农家乐）

地址：海口市羊山大道西 250 米

石山乳羊第一家（连锁）

地址：海口市国度建材城二期

斋菜煲

斋菜原为道家、佛家以三菇六耳、瓜果蔬菜及豆制品为食材烹饪的素食菜肴，不使用动物性原料，故又称“寺院菜”“素菜”。海南斋菜原是在军坡节、拜神、敬祖及大年初一等特殊的日子里，家家户户必吃的“斋”，现在也成为日常健康养生的菜肴了。

林记庙前斋菜煲

地址：海口市海甸一东路

林记老字号传统斋菜煲

地址：海口市海甸一东路

过港斋菜馆

地址：海口市滨江西路

商业中心

海航日月广场

地址：海口市国兴大道

友谊阳光城

地址：海口市金龙路

上邦百汇城

地址：海口市金龙路

京华城

地址：海口市玉沙路

宜欣广场

地址：海口市明珠路

新城吾悦广场

地址：海口市迎宾大道

万达广场

地址：海口市海榆中线

远大购物中心

地址：海口市长滨四路

观澜湖新城

地址：海口市观澜湖旅游度假区

城市娱乐

观澜湖新城

观澜湖新城是一个集旅游、度假、商业、娱乐、教育和体育于一体的生态旅游休闲城市综合体，由狂欢水世界、巴萨世界、NBA 互动体验馆、泰迪熊博物馆、反弹蹦床公园、海之语海洋世界、探奇乐园等娱乐景点组成。

地址：海口市观澜湖旅游度假区

交通：公交 K2、K3 路经停，外部免费穿梭巴士运行路线为观澜湖酒店 ⇌ 海口美兰国际机场，内部免费穿梭巴士运行路线为观澜湖酒店（水疗中心）⇌ 水世界 ⇌ 新城 ⇌ 电影公社

电话：0898-68683888（度假区）、0898-68682999（新城）

手机预订：微信公众号“海口观澜湖旅游度假区”“观澜湖新城”

长影环球 100 奇幻乐园

长影集团打造的电影主题乐园，拥有丝路探险、光影奇境、魔幻谷、梦幻童世界等主题区。其中大型游乐项目全部采用创新影视特效技术，与量身定制的世界先锋娱乐设备一起创造出幻境娱乐体验——身体感受着游乐设备的强烈刺激，心神沉浸在影视特效的异度空间。一期已经建成为一座“白天 + 夜晚”“互动 + 体验”“影视 + 科技”“灯光 + 热舞”的电影娱乐王国，已开放不夜岛、长影广场、丝路探险、魔幻谷等。

地址：海口市秀英区椰海大道 100 号

交通：公交 96、游 4 路（白沙门公园 ⇌ 长影环球 100）直达

电话：0898-66118100

手机预订：微信公众号“长影环球 100”

景点

假日海滩旅游景区 / 秀英区 /4A
中国雷琼海口火山群世界地质公园 / 秀英区 /4A
观澜湖旅游度假区 / 龙华区 /4A
长影环球 100 奇幻乐园 / 秀英区 /4A
海南热带野生动植物园 / 秀英区 /4A
海南省博物馆 / 琼山区 /4A
白沙门公园 / 美兰区 /3A
骑楼建筑历史文化街区 / 龙华区 /3A
桂林洋国家热带农业公园 / 美兰区 /3A
琼洲文化风情街 / 琼山区 /3A
五公祠 / 琼山区 /3A
海瑞墓 / 龙华区 /2A

骑楼老街 Q2

海口在第二次鸦片战争后沦为通商口岸，很多人因生活所迫，远赴南洋谋生。二十世纪二三十年代，归国华侨和商人们把南洋的欧亚混杂文化带入海口，建起了南洋风格的建筑。这些建筑临街底层采用骑楼和连续柱廊结构，建筑表面的装饰带有欧洲巴洛克、洛可可，以及阿拉伯和印度的元素，海口的一些老城区至今还保留有许多这样的街道和民居。海口骑楼建筑历史文化街区包括中山路、得胜沙路、解放路、新华路、博爱路及周边小巷，有冼夫人庙、西天庙、关圣庙、天后宫、中共琼崖第一次代表大会旧址等景点，其中中山路经过全面修缮成为步行街，面向游客开放，被特指为“骑楼老街”。

地址：海口市中山路海口骑楼建筑历史文化街区

交通：公交 17、37、18 路经停附近街区

免票

西海岸 4A Q2

西海岸北邻琼州海峡，沿着近 20 千米长的滨海大道呈带状伸展，主要由假日海滩和西秀海滩两个相连的开放式滨海公园组成。西海岸椰林、海滩、回廊、亭台、雕塑、草地等景观错落有致，高尔夫球场、度假酒店、海滨浴场、温泉游泳馆、自行车道、轮滑道、沙滩排球场、帆船帆板基地等休闲、运动设施鳞次栉比。

地址：海口市滨海大道西海岸

交通：公交 37、37 快、57、57 快、游 1、游 6 路，旅游观光 1 号线（双层巴士）经停

免票

火山口公园 4A P3

海南岛北部 108 平方千米的范围内分布了 40 座各种类型的火山和 30 余条熔岩隧洞，是国内为数不多的休眠火山群地貌。据考证，距今 1 万年前，这片地区火山爆发，在地上形成火山锥、火山口、火山眼及泡状和流纹状的凝固熔岩，在地下则形成火山岩洞、熔岩隧道、天然井、天然拱桥、钟乳石，成为颇具规模的天然火山岩洞博物馆。如今在石山、永兴、遵谭等多个地区仍遗留着大量的火山岩景观，与热带丛林和田园村落相互交织。石山火山群被授予“国家地质公园”的称号，同时与广东湛江湖光岩作为中国雷琼地质公园整体被联合国教科文组织授予“世界地质公园”的称号。

地址：海口市秀英区石山镇风景路

交通：公交游 1 路直达（白沙门公园 ⇌ 火山口地质公园）

电话：0898-65469666

冯小刚电影公社 4A Q3

冯小刚电影公社是全球第一个以著名导演命名，实景旅游、实体商业、影视拍摄三位一体的大型电影主题景区，再现了二十世纪百年间中国城市街区的光景变迁。园区包括 1942 风情街、老北京风情街、南洋风情街、教堂广场区、集合冯氏贺岁电影经典场景的园林景观区、影人星光大道，以及包含全球最大的影视基地在内的摄影棚及配套服务区。电影《芳华》曾在此取景，拍摄时的小院也按照原样保留下来。

地址：海口市观澜湖旅游度假区

交通：公交 K2、K3 路经停电影公社，外部免费穿梭巴士运行路线为观澜湖度假酒店 ⇌ 海口美兰国际机场，内部免费穿梭巴士运行路线为观澜湖酒店（水疗中心）⇌ 水世界 ⇌ 新城 ⇌ 电影公社

电话：0898-36688000

微信公众号：“海口观澜湖旅游度假区”

五公祠 3A R2

五公祠是当地人对五公祠、苏公祠、海瑞祠、伏波祠等一组道教文化风貌的建筑群的统称。因为地处闹市，独有清幽，建有花草掩映的楼阁亭台，五公祠自古有“琼台胜景”之美称。其中的五公祠是这个建筑群的主体建筑，又称“海南第一楼”，最早建于明代万历年间，纪念唐、宋两代被贬谪来海南的李德裕、李纲、赵鼎、李光和胡铨五位历史名臣。

地址：海口市琼山区海府路

交通：公交 1、4、11、12、14、27、37、38、41、44、45、99、106、游 4 路经停

电话：0898-65855653

热带野生动植物园 4A Q4

这是一家浓缩海南岛动植物精华的大自然博物馆。园区有各种珍禽异兽 200 种，共 4 000 余只（条），对游客开放的观赏区划分为行车区（猛兽区）、步行区（猴山、百鸟园等）。狮虎兽是雄师和雌虎繁殖的后代，这里创造了国内繁殖的狮虎兽成活时间最长的纪录。2018 年 11 月，园区从四川引进了两只同父异母的熊猫兄弟——贡贡和舜舜。

地址：海口市秀英区东山镇东山湖畔

交通：公交游 2 路直达（万绿园 ⇌ 海南野生动物园）

电话：0898-68529999

秀英炮台 Q2

秀英炮台始建于清光绪十七年（1891 年），与天津大沽炮台、上海吴淞炮台、广东虎门炮台同为清代晚期闻名遐迩的四大海岸炮台。秀英炮台为防御法国侵略而建，曾在 1939 年 2 月 10 日的抗击日军侵琼的战斗中发挥过作用。炮台由拱北、镇东、定西、振武和振威五座炮台组成，四周有坚固的城垣环抱，内部有巷道，两侧有营房、火药库、练兵场、指挥室。

地址：海口市世贸南路

交通：公交 3、4、23、34、57、72、78、79 路经停金贸中路

游船

夜游海口湾 Q2

在微风吹拂下，市民和游客可乘坐游轮在海面上欣赏海口夜晚绚丽的城市灯光秀。“海口湾 1 号”游轮每天一班，航行时间 1 小时 10 分钟，行程 18.1 千米。船长 46.2 米，宽 9.8 米，型深 3.3 米。船体共三层，一层为复古音乐厅，二层为商务休闲厅，三层为露台观景厅。

登船地点：海口市秀英港
航行时间：20:30—22:00
航线：秀英港 8 号码头 ⇌ 西海岸 ⇌ 世纪大桥 ⇌ 万绿园 ⇌ 美源码头
交通：公交 8、41 快、65 路经停秀英港码头站
电话：0898-68647986
手机购票：微信公众号“新海港”“海口 12345”“椰城市民云”

海口湾水上巴士 Q2

迎着徐徐的海风，游览海口湾美不胜收的景色，体验“船在海上行，人在画中游”的诗情画意。“海口王子 1 号”游艇船体共两层，可载 88 人，“玉祥号”可载 110 人，这两艘游艇每周定期分别开行日班和夜班。游客还可根据需要自行包游艇，满足观光游览、商务接待、美食品尝、深海垂钓、海上婚礼等多元需求。

- 登船地点：海口市海甸三西路老码头（海甸港）
- 航行时间：每周定期发班，日游 15:30—17:30，夜游 20:00—22:30
- 航线：海甸港 ⇌ 世纪大桥 ⇌ 海口湾 ⇌ 秀英港 ⇌ 西秀海滩 ⇌ 假日海滩 ⇌ 海甸港
- 交通：公交 7 路经停水岸银湾站
- 电话：0898-66150737
- 手机购票：微信公众号“海口水上巴士”

乡村

连理枝渔家乐 / 美兰区演丰镇山尾头村 / 5 椰级
冯塘绿园 / 秀英区永兴镇冯塘村 / 5 椰级
洋边休闲农庄 / 琼山区红旗镇苏寻三村 / 4 椰级
开心农场 / 秀英区儒黄村 / 4 椰级
三角梅共享农庄 / 琼山区红旗镇边洋村 /4 椰级
海口人民骑兵营 / 秀英区石山镇美社村 /4 椰级

东寨港红树林 S2-S3

东寨港红树林绵延 50 千米，面积 4 000 多公顷，是中国建立的第一个也是最大的国家级红树林保护区，被列入国际重要湿地名录。若乘水上观光船穿梭在红树林中，或骑行在岸边的乡村椰林中，则所见忽而是海上森林，忽而是热带田园。保护区管理局大院内设有红树林博物馆，博物馆后有一片红树林生态系统示范基地，一条几十米长的弯弯曲曲的水上栈道穿梭在茂密的红树林试验林中，各种形态的红树林及与红树林相依为命的各种小动物都在人们眼前零距离展现。

地址：海口市演丰镇东寨港红树林乡村旅游区
交通：公交 201 路直达红树林景区站
电话：0898-65742966

连理枝渔家乐 5椰级 S2

连理枝渔家乐乡村旅游点位于东寨港国家级自然保护区，在这里可以乘船欣赏独特的红树林风光，登临野菠萝岛，探寻海底村庄，也可以品尝海水鸭和各种美味海鲜，体验乡村民宿，零距离感受渔民生活。

地址：海口市演丰镇山尾头村

电话：0898-66669622（民宿）

冯塘绿园 5椰级 Q3

冯塘绿园以古石屋为根基，以橄榄园为核心，围绕古村庄和村边茂密的热带火山雨林和郁郁葱葱的橄榄林，开辟出龙栖谷、橄榄园、景观大道、古村、荷花塘等主题景观及特色民宿。

地址：海口市秀英区永兴镇冯塘村

电话：0898-32188587（民宿）

慢行绿道

海口湾慢行绿道 Q2

海口市正在建设海口湾慢行绿道畅通工程。全线贯通后，岸线全长 19.6 千米，包含滨海滨江漫步道、跑步道、骑行道三线以及 17 个驿站和配套设施，穿行于海口湾至海甸溪南北两岸，人们可以从海口湾慢行绿道畅通无阻地骑行至新埠岛，沿线的万绿园、世纪公园、世纪大桥、钟楼、骑楼老街等文化地标和传统建筑均可一路饱览。目前，海口湾畅通工程“三道”（漫步道、跑步道、骑行道）已经贯通开放，位于世纪公园西北侧的首个高标准驿站也正式投入使用，驿站包含的读书体验馆、咖啡服务台、影音空间、屋顶观景露台、卫生间等，是市民和游客休闲的好去处。

地址：海口湾至海甸溪北岸、海甸溪南岸

石山慢行绿道 Q3

石山绿道途经火山群国家地质公园，沿途有良好的自然及人文环境，是一条极具本地特色的生态乡野休闲慢行绿道。石山绿道以绿色长廊为起点，全长 44 千米，经儒黄、美社、美岳、玉喜、美党、美玉等村庄和玉凤水库，依托农村公路改造成慢行绿道，加设自行车道、绿化带、农家乐、乡村游服务站等。

地址：海口市石山镇

演丰红树林慢行绿道 S2

演丰红树林慢行绿道毗邻东寨港国家级自然保护区，全长约 20 千米，路线途经 92 个文明生态村，沿途设 5 个主题驿站。骑行于渔村田园、椰林小径，幽静恬淡，花开鸟鸣，香气弥漫，引人入胜。

地址：海口市演丰镇

绿野仙踪慢行绿道 S5

绿野仙踪慢行绿道全长 20 千米，设 4 个主题驿站，联结 13 个文明生态村。慢行绿道以观光农业为主，结合自然、人文景点分布，设置了自行车通道。慢行绿道经典游玩路线是多谷屯村 ⇌ 后村 ⇌ 龙村 ⇌ 象村 ⇌ 大吉村 ⇌ 土炉村 ⇌ 田心村（鹭鸟天堂），沿途绿树成荫、鹭鸟成群、空气清新，田园风光犹如童话中的“绿野仙踪”。

地址：海口市大坡镇

鹤舞九湖慢行绿道 T3

鹤舞九湖慢行绿道以东坡湖、仙鹤、仙山、龙门、博布、东田等特色精品文明生态村为基础，片区涵盖 13 个自然村，由 5.7 千米的绿道及 658 米的木栈道把村庄、湖泊、特色景区一一串联，构成红色追忆、绿道漫游、鹤湖仙境、农家乡味四条主题旅游线，沿途还设有三个慢行驿站，配备自行车等休闲娱乐设施，可为游人提供一站式服务。

地址：海口市三江镇

北部市县

儋州市、文昌市、琼海市、定安县、屯昌县、澄迈县、临高县、白沙黎族自治县、昌江黎族自治县

线路划分

东线（223 国道、东线高速）市县： 海口市 ⇌ 定安县 ⇌ 文昌市 ⇌ 琼海市

中线（224 国道、中线高速）市县： 海口市 ⇌ 定安县 ⇌ 屯昌县

西线（225 国道、西线高速）市县： 海口市 ⇌ 澄迈县 ⇌ 临高县 ⇌ 儋州市 ⇌ 白沙黎族自治县 ⇌ 昌江黎族自治县

行程划分

海口往返一日游市县： 文昌市、定安县、屯昌县、澄迈县、临高县

海口往返两日游市县： 琼海市、儋州市、白沙黎族自治县、昌江黎族自治县

航天文昌，魅力侨乡
田园城市，幸福琼海
听海临高，怡乐生活
千年古郡，魅力儋州
山海黎乡，纯美昌江
山水白沙，养生天堂
静美定安，祥和家园
澄迈——富硒福地，长寿之乡
屯昌——一个让心灵放松的地方

城市娱乐

博鳌亚洲湾水上乐园

博鳌亚洲湾水上乐园开发了大喇叭、小喇叭、漂流河、水滑梯、欢乐水寨等多个刺激好玩的项目。其中超级大喇叭是最受大家欢迎的游乐项目，游客坐在四叶草形状的浮圈里，从 16 米的高空滑行到直径约 21 米的巨型喇叭口里，如同被龙卷风吸进去一般，非常刺激和震撼。

地址：琼海市博鳌镇滨海大道

电话：0898-38299000

美食集结

夜市 / 咖啡馆 / 餐酒吧

福山咖啡馆（连锁）

地址：澄迈县福山咖啡文化风情镇

福山侯臣咖啡文化村

地址：环岛西线高速（澄迈旅游咨询服务中心旁）

杂粮一条街

地址：琼海市金海路金海度假村

爱海夜市

地址：琼海市嘉积镇爱海南路

海的故事餐厅

地址：琼海市玉带路与鳌旺街交叉路口往东约 150 米

嘉积老房子咖啡馆

地址：嘉积万泉河路御河观景台对面

八街夜市

地址：儋州市文化北路与儋耳东路交叉路口东南侧

那恁路夜市

地址：儋州市那大镇那恁路（解放北路和隆华路交接处）

国新美食广场

地址：儋州市国新广场

传统小吃店

林花糟粕醋

地址：文昌市铺前镇胜利街

正宗抱罗粉

地址：文昌市沿江西路

和树银海杂粮甜品店（鸡屎藤粿仔汤）

地址：琼海市金海路东三路

良旺休闲馆（清补凉）

地址：琼海市德海东路

凉爽冷饮（芒果肠粉）

地址：琼海市爱海南路

五谷杂粮甜品店（粉汤、炒粉、清补凉）

地址：琼海市博鳌镇博爱街 15 号

森林客栈（儋州两院植物园店）

地址：儋州市宝岛新村两院热带植物园旁

本味儋州米烂小铺

地址：儋州市兰洋北路鼎尚时代广场

洛基婆米烂店

地址：儋州市东风路

海南菜饭店 / 海鲜饭店

春笋渔村

地址：琼海市银海路

金港海鲜楼

地址：琼海市潭门镇富港街

海恋园海鲜餐馆

地址：琼海市潭门镇富港街

文昌鸡

文昌鸡名列“海南四大名菜”之首，在海南有“无鸡不成宴”的说法。文昌鸡超越了地域范围，不仅在海南，甚至在香港、东南亚一带都声名显赫，成为海外华人怀恋故乡的一丝乡情寄托。文昌鸡最早出自文昌潭牛镇天赐村，在宰杀前 30 天的育肥期内，用花生饼、椰子饼、椰丝、番薯、大米饭混合喂养鸡，使得做出来的鸡皮脆薄、鸡骨软细，肉质嫩滑、肥而不腻。海南人吃文昌鸡的传统方法是原汁原味的白斩（白切），佐以生姜泥、蒜泥、香菜及青橘汁组成的调料，配以鸡油鸡汤精煮的米饭（俗称“海南鸡饭”）。

三角街文昌鸡饭店（百年老店）

地址：文昌市沿江西路

海南鸡饭

浙江卫视某综艺节目的第一季第七期，参加综艺的嘉宾们一起赴新加坡寻找美食，在抵达樟宜机场后便立即去 Maxwell 熟食中心的“天天海南鸡饭”签到。可见海南鸡饭在新加坡的名气很大。

嘉积鸭

嘉积鸭也叫加积鸭，原产于美洲墨西哥、巴西地区，一百多年前由华侨引进琼海，所以也叫“番鸭”。在嘉积鸭还是小鸭仔的时候便给它们喂食淡水小鱼虾以及蚯蚓等昆虫，饲养后期则需“填鸭”。嘉积鸭的烹制，有白切、板鸭、烤鸭三种做法，但以白斩最常见，佐料以滚鸭汤冲入蒜蓉、姜蓉，挤入青橘汁调制而成。嘉积鸭皮嫩肉厚，滑爽劲足，食之肥而不腻，香甜有余。

味吾琼嘉积鸭饭店

地址：琼海市银海路与银河路交叉路口往东南约 100 米

琼海温泉鹅

温泉鹅又叫万泉鹅，是琼海市万泉河沿岸农户饲养的本地杂交鹅。温泉鹅育架阶段在野外散养，以食百草为生，育肥阶段入笼填养，以糠、鹅仔草、野草、碎米、花生饼、番薯和萝卜嫩叶等填食。温泉鹅营养丰富、肥而不腻，清淡美味，醇香可口。温泉鹅有传统的白切、红烧做法，也有创新的椒盐、酒醉等做法，再配上一碗用鹅汤烹煮的“鹅饭”，使人的味蕾和胃口都获得最大程度的满足。

温泉海星鹅庄

地址：琼海市 223 国道温泉新村

澄迈白莲鹅

白莲鹅以产自澄迈县白莲镇而得名。白莲鹅以放养为主，任其采食青草野果，再辅以谷物、番薯等传统的农家饲料。白莲鹅的食用方法多以白切为主，佐以什锦酱、辣椒酱、蒜泥、生抽、青橘汁等，吃起来肉质紧实，醇香可口。

利群白莲鹅酒店
地址：澄迈县老城镇南海大道

金源花园（农家乐）
地址：澄迈县金马大道

定安骨头汤

采用新鲜的猪龙骨炖煮十几个小时，煮出一锅老汤，将老汤兑淡后，再放入新鲜猪骨，上桌加火，放入南瓜花、玉米及野菜，便是一道味道鲜美、清新爽口、营养丰富的骨头汤。

包蜜园生态农庄（农家乐）
地址：定安县黄竹镇

乡村理想观光农庄（农家乐）
地址：定安县黄竹镇南丽湖环湖公路

临高乳猪

临高乳猪因产于临高县而得名。临高乳猪以皮脆、肉细、骨酥、味香而闻名，不管是烤、焖、炒、蒸都十分可口，但以烧烤最佳。人工烤一只乳猪需要四五个小时，烤出来的乳猪全身焦黄，油光可鉴，散发着浓郁的香味，夹一块入口，脆响伴耳，满口留香。

阿建乳猪店
地址：临高县新镇南街

大自然渔港（农家乐）
地址：临高县金牌湾海鲜公园

临高土窑烧烤

在临高县新盈镇，当地人制作土窑烧烤时，先将土块垒成土灶，用柴火烧红，然后敲碎成土，再把食材用锡纸分别包好，放入滚烫的碎土中，约半小时食物便被烤熟。食材可以是各种海鲜，也可以是鸡肉、猪蹄，还有黎族的竹筒饭。其中最出名的是海鲜烧烤，新鲜出炉的海鲜浇上调料汤汁，味道鲜美可口。

吉海土窑海鲜野外第一家（农家乐）
地址：临高县新盈镇新盈桥南

香江土窑园（农家乐）
地址：临高县新盈镇乐春村

景点

文笔峰盘古文化旅游区 / 定安县 /4A
博鳌亚洲论坛永久会址景区 / 琼海市 /4A
中国（海南）南海博物馆 / 琼海市 /4A
永庆文化旅游景区 / 澄迈县 /3A
福山咖啡文化风情镇 / 澄迈县 /3A
海南热带植物园 / 儋州市 /3A
东坡书院 / 儋州市 /4A
石花水洞地质公园 / 儋州市 /3A
霸王岭国家森林公园 / 昌江黎族自治县 /3A
文昌孔庙 / 文昌市 /3A
春光椰子王国 / 文昌市 /3A
铜鼓岭景区 / 文昌市 /3A
椰子大观园 / 文昌市 /3A
宋氏祖居 / 文昌市 /3A
博鳌水城旅游景区 / 琼海市 /3A
博鳌东方文化苑 / 琼海市 /3A
白石岭旅游景区 / 琼海市 /3A
屯昌梦幻香山芳香文化园 / 屯昌县 /3A
海南热带飞禽世界 / 定安县 /2A
万嘉果热带农业花果园 / 定安县 /2A
春晖椰子文化观光园 / 琼海市 /2A
多河文化谷旅游区 / 琼海市 /2A
万泉湖旅游区 / 琼海市 /2A
农垦万嘉果热带植物园 / 琼海市 /2A

千年古盐田 14

唐朝末年，一群福建莆田的盐工因生活所迫，历尽千辛万苦，迁居到当时海南岛西部的古儋耳郡，在荒芜的洋浦半岛建造了家园。他们在海边开垦盐田，把累累火山岩打造成 1 000 多个形态各异的盐槽，开创了利用潮汐和阳光制盐的工艺。今天，750 多亩古盐田依然偎依在海边，还有几位盐户在坚守着古老的技艺。

地址：洋浦经济开发区

免票

东坡书院 4A J4

苏轼（1037—1101）号东坡居士，是北宋伟大的文学家和书画家，更是一位通才。东坡62岁被贬谪到海南的儋耳郡（今中和镇），在次子苏过的陪伴下在这里居住了三年。其间，东坡开设学馆，讲授诗书，传播中原文化，启蒙海南教育，又被后人看作是秉性难改的乐天派、悲天悯人的道德家。东坡把自己居住和讲学的地方起名为“载酒堂”，后经历代重修、扩建，改名为“书院”。东坡书院曾是历代儋州的最高学府，从古至今，来海南的文人墨客都要前来“朝圣”。

地址：儋州市中和镇

电话：0898-23572209

海南热带植物园 3A K6

海南热带植物园于1958年建园，是原华南热带作物学院和中国热带农业科学研究院（简称“热作两院”）的植物标本园，许多老一辈国家领导人都曾来此参观并题词。同海南其他地方的植物园相比，这里因为历史较久，植物种类丰富，树木普遍高大，园内生长着来自40多个国家的2 600多种热带珍稀植物，可以说是中国热带植物资源的基因库、世界热带作物资源的缩影。

地址：儋州市宝岛新村

电话：0898-23300195

中国(海南)南海博物馆 4A T8

中国（海南）南海博物馆取义“丝路逐浪，南海之舟”，是响应国家“一带一路”倡议，旨在展示南海人文历史和自然生态，保护南海文化遗产，促进 21 世纪海上丝绸之路沿线国家和地区文化交流的综合性博物馆。馆藏文物有 7 万多件，包括历代外销文物、南海生物标本、海南历史文物、历代船模等，还建有文物保护和修复中心及各类实验室等，为文物的保护和研究提供了重要保障。

地址：琼海市潭门镇博物馆路

电话：0898-62605666

博鳌水城 4A T9

万泉河、九曲江和龙滚江三江在博鳌小镇汇流入海，冲积成河汊纵横、岛屿连亘的博鳌水城，在水城之外的海河交汇之处，还横亘着一条载入吉尼斯世界纪录的 2.5 千米长的狭窄沙坝——玉带滩。每年一届在此举办的博鳌亚洲论坛是亚洲地区最活跃、最富影响力的讨论亚洲未来的经济论坛，是一个旨在推动区域经济一体化，加速实现亚洲各国发展目标，为亚洲和世界各地的政、商、学界领袖进行高层次对话提供路径的平台，博鳌也因亚洲论坛而闻名全球。

地址：琼海市博鳌镇

电话：0898-62691509

红色娘子军纪念园 2A R9

1931 年 5 月 1 日，海南琼崖纵队创建了中国革命史上第一支妇女武装——中国工农红军第二独立师女子军特务连，这支队伍后来被人们称为“红色娘子军”。红色娘子军曾经出色地完成了保卫领导机关、宣传和发动群众等多项任务，并多次配合或为掩护主力部队而直接参与作战，为琼崖革命 23 年红旗不倒立下了不朽的功勋。

地址：琼海市 356 县道

电话：0898-62802175

免票

霸王岭 3A H9

霸王岭是中国唯一的保护海南黑冠长臂猿及其生存环境的国家级自然保护区。这里山岳连绵，群峰叠翠，林海浩渺，古木参天，自然生态系统保存完整，热带生物资源极其丰富。斧头岭一带是濒危的海南黑冠长臂猿生息的地方，也是保护区的核心区。霸王岭公园内铺设有“钱道”“情道”“霸道”三条旅游观光木栈道，供游人登山漫步。

地址：昌江黎族自治县霸王岭国家森林公园

海南铁路博物馆 D10

海南铁路博物馆以图片和文献史料的形式展示了海南铁路 40 多年来艰苦奋斗的创业历程，而且保存着宋美龄坐过的 1941 年日本制造的 GW97380 公务车“美龄号”、1939 年日本制造的 K3 矿石车、1940 年日本制造的吊车、1965 年武汉制造的 S11 守车、1970 年齐齐哈尔制造的抓煤机、1984 年罗马尼亚制造的ND2型内燃机车、1986 年山西大同机车厂制造的建设型蒸汽机车及遗存下来的各类珍贵铁路文物。

地址：东方市滨海南路

文笔峰 4A R6

文笔峰自古被当地人视为“龙首龟背”的风水宝地。定安地方志记载，864 年，文笔峰被唐懿宗钦定为“李家岭”，成为“皇家园囿”禁地。2006 年，以文笔峰为主体依山新建了一组世界上规模最大、结构最完整的道教仿古建筑群，由玉蟾宫、南建州、养生堂、老子学院、风水研究学院、沉香会馆等建筑组成。

地址：定安县龙湖镇海南文笔峰盘古文化旅游区

电话：0898-63733320

铜鼓岭

铜鼓岭由 18 座山峰组成，其主峰海拔 338 米，素有“琼东第一峰”之称，因毗邻文昌航天城，成为航天发射的最佳观赏地。2003 年成立了铜鼓岭国家级自然保护区，保护这里独特的热带低山常绿季雨矮林生态系统及野生动物、海蚀地貌、珊瑚礁生物群落。

地址：文昌市龙楼镇铜鼓岭国际生态旅游区

电话：0898-63338811

临高角 L2

临高角是海南岛突出于琼州海峡的一个岬角，三面环海，北临北部湾，与雷州半岛隔海相望。临高灯塔是由法国人建于清光绪十九年（1893 年）的钢制灯塔，高 22 米，宽 1.88 米，射程 18 海里，1997 年被国际航标协会列为世界一百座历史文物灯塔，2002 年国家邮政局制作了关于临高灯塔的特种邮票向全世界发行。临高角解放公园是纪念解放海南岛战役的爱国主义教育基地：1950 年 4 月 16 日，中国人民解放军在琼崖纵队的配合下，乘木帆船强渡琼州海峡，于 17 日凌晨在海口以西至临高角一线登陆，随即歼灭了海南岛各地的国民党军，5 月 1 日解放海南岛全境。

免票

地址：临高县城北 10 千米处

邮票上的灯塔

2002 年，国家邮政局发行中国有史以来第一套灯塔题材的《历史文物灯塔》邮票，共 5 枚，包括海南临高灯塔、上海青浦泖塔、温州江心屿双塔、舟山花鸟山灯塔、大连老铁山灯塔这 5 座建造于不同年代、风格造型各异的百年灯塔。

2006 年，国家邮政局发行《现代灯塔》特种邮票，共 4 枚，包括海南文昌铺前镇木兰头灯塔、天津大沽灯塔、广东珠海桂山岛灯塔、上海吴淞口灯塔这 4 座亚洲最高的现代化大型灯塔。

石花水洞地质公园 3A I7

140 万年前，大自然开始铸造一座地下宝库，经过漫长的演变，形成了现在的石花水洞。石花水洞分为旱洞、水洞和户外石林三部分，洞内有钟乳石、石笋、石柱、石旗、石瀑布、石舌、卷曲石、文石花、单晶方解石花等，极具观赏和科学价值。在七彩灯光的照射下，这些形态各异的石头反射出斑斓的色彩，如传说中的龙宫和仙境。

地址：儋州市八一农场场部

电话：0898-23760306

漂流点

万泉河漂流 Q10

万泉河发源于五指山，上游的大峡谷处修建了牛路岭和烟园两条横跨两山的水坝，又在此基础上建成两座水电站。牛路岭大坝以上形成牛路岭水库，高峡出平湖，群山环绕；两坝之间是 6 千米长的峡谷，两岸森林苍莽，悬崖、瀑布、深潭隐藏其中，是雨林探秘、探险的好去处；烟园大坝以下河段，时而峰连壁立，常见激流险滩，时而椰林村寨，河水平缓如镜。乘坐漂流橡皮艇顺水漂流，可见捕鱼老人、戏水孩童、洗濯村妇，乡村田园美景数不胜数。

地址：琼海市会山镇烟园水电站

电话：0898-62818496

乡村

辉隆生态休闲庄园 / 澄迈县 /4 椰级

罗驿村乡村旅游点 / 澄迈县老城镇 /4 椰级

得一农耕社 / 澄迈县金马大道红光农场 /4 椰级

红坎岭陶艺园 / 澄迈县桥头镇 /4 椰级

大皇岭乡村旅游点 / 儋州市兰洋镇 /4 椰级

塔洋鱼良乡村旅游点 / 琼海市塔洋镇鱼良村 /4 椰级

猪哈哈的农场 / 屯昌县坡心镇 /4 椰级

力乍村乡村旅游点 / 儋州市那大镇力乍村 /4 椰级

罗帅村乡村旅游点 / 白沙黎族自治县 /4 椰级

阿罗多甘共享农庄 / 白沙黎族自治县七坊镇企业一场 /4 椰级

文昌葫芦村 5 椰级 T4

葫芦村（龙泉乡园乡村旅游区）拥有有“白鹭天堂”之称的白鹭湖、百亩荷塘、千亩荔枝园等许多乡村美景。行走在村里，一排排改造成乡村旅馆的传统民居错落有致，随处可见盘根错节、枝繁叶茂、有上百年树龄的荔枝树、菠萝蜜树、见血封喉树。每到冬季，成百上千只候鸟会栖息在白鹭湖畔的树林中，构成人鸟和谐共居的美景。

地址：文昌市东路镇

电话：0898-31618999（民宿）

澄迈侯臣村 5 椰级 N3

侯臣村（侯臣咖啡文化村）是有史可考的海南咖啡发源地之一。福山咖啡品质优良，早在二十世纪五六十年代就享誉海内外，包括朱德、李宗仁在内的许多名人都曾莅临福山品尝咖啡，并给予极高的评价。侯臣咖啡文化村按照西班牙园林布局，亭榭、水景、绿树、咖啡林依偎环绕。在小亭中品一杯香醇的侯臣咖啡，享用一碟诱人的农家糕点，或住进一间舒适的客栈，偷得浮生半日闲。

地址：澄迈县福山镇高速路福山出口处

电话：0898-67588999（民宿）

澄迈大丰村 5 椰级 P3

大丰村（福丰约亭古镇）在古代因地处交通要道，人口众多，商贸繁盛，形成了当时的市集——多峰铺。康熙六十一年（1772 年），恭贵乡封平都在此建封平约亭，用于宣讲圣谕和议事，代表最基层的政府机构行使权力，同时兼备驿站功能。现在，大丰村除遗留有一进四合院的封平约亭外，还保留着古驿道、古街区、古市集及多座古禁碑。大丰村还有一座福丰咖啡山庄，不仅有咖啡园、荔枝园和菠萝蜜林，还建有楼阁、连廊、池塘、咖啡厅，乡村田园景观错落有致。

地址：澄迈县金马大道大丰村福丰咖啡山庄

电话：0898-67203366

儋州屋基村 5 椰级 K5

屋基村山清水秀，修竹茂密，古木参天。每年临近清明，白鹭成群结队地飞来，到霜降前后才相继离开，在此生活六七个月之久，因此人们把这里称为“白鹭天堂”。黄昏降临的时候，几千只白鹭飞回村中高大的榕树上，与各种鸟儿一齐鸣叫，如同奏响一曲大合唱。屋基村不仅风景优美、民风淳朴，还修建了高达6层的观鸟楼，设立了骑行驿站。

地址：儋州市洛基镇

儋州石屋村 5 椰级 K6

石屋村曾经在 20 世纪 70 年代被誉为“海南岛上的大寨”，周恩来总理称赞石屋村是“广东学大寨的样板”。走进如今的石屋村，犹在画中游。村里建有中国村官精神馆、中国农村博物馆等。错落有致的古风亭子、干净整洁的村道、花香四溢的村中公园、玩耍嬉戏的孩童，构成了一幅和谐美丽的乡村新画面。

地址：儋州市那大镇

文昌好圣村 5 椰级 V5

好圣村（好圣航天农庄）是铜鼓岭山脚下比邻文昌国际航天城的一个仅有 11 户 68 人的小渔村，在政府、企业、村民合作共建的模式下，充分利用航天科技和乡村自然资源的优势，建成了一个集餐饮、民宿、骑行、购物、创意科创、创业扶贫、航天科教、航天种植、航天养殖为一体的航天科技小康村。

地址：文昌龙楼镇

琼海留客村 5 椰级 S9

留客村位于万泉河南岸，与有七百余年历史的乐会古城仅一河之隔，距今已有 400 年的历史。留客村旅居海外的华侨有 1 000 多人，被誉为“海南侨乡第一村”，村中的蔡家宅也被称为“海南侨乡第一宅”。蔡家宅是印尼富商蔡家森四兄弟于 1934 年共同建造的一处中西合璧、坚固豪华的建筑群，其中以蔡家森宅规模最大，最具风格。2006 年 5 月，国务院公布了第六批全国重点文物保护单位，蔡家老宅名列其中。

地址：琼海市博鳌镇莫村村委会

琼海北仍村 5 椰级 R9

北仍村毗邻红色娘子军纪念园、官塘温泉度假区和白石岭风景区。北仍村有 48 户农家，在保护绿色生态环境和保持村庄特色的同时，建成了骑行绿道、农家乐、咖啡屋、书屋、北仍大客厅等乡村旅游配套设施，吸引了出席博鳌亚洲论坛 2015 年年会的多国领导人夫人前来参观。

地址：琼海市嘉积镇

琼海南强村 5椰级 S9

南强村是一个古老的侨村，坐落在万泉河畔，与万泉河漂流峡谷、东方文化苑等景区相邻。在郁郁葱葱的古树花木间，一栋栋南洋风格的青砖古宅如立画卷之中，至今村中仍有80余栋保存完好的古旧老宅。村口，万泉河蜿蜒而过，博鳌绿道穿行在郁郁葱葱的树林间，椰林下田园风光旖旎。

地址：琼海市博鳌镇

琼海沙美村 5椰级 S9

沙美村为九曲江、龙滚河所环绕。在美丽乡村建设中，沙美村以热带村落风光为特色，打造出椰林水韵、饮水思源、滨海长廊、眺望乡愁、水静莲香、金牛偃月等美景，建成怡然轩、小螺号清吧、祥勋客栈、沙美人家、望海居等14处旅游服务设施，涵盖餐饮、民宿、书吧、集市、电商等多个方面。

地址：琼海市博鳌镇

慢行绿道

定安慢行绿道 Q6/Q7

定安有两处慢行绿道。百里百村乡村公园（绿道）以定城至中瑞 100 多千米的公路为主轴，北起龙门镇，南至母瑞山革命纪念园，途经岭口镇、翰林镇、龙河镇和中瑞农场等 100 多个村庄，规划了详细的线路图，设置了路标。南丽湖休闲慢道位于南丽湖北片区，已建成慢行道路 17.3 千米，线路分为丁湖线和滨湖线两段，并建设了绿道网等相关配套设施，包括 8 个休闲服务驿站。

地址：定安县百里百村乡村公园、南丽湖畔

屯昌慢行绿道 O8

多年前，屯昌就与自行车运动结下了深厚的情谊，多项国家级自行车专业赛事相继在屯昌举行。屯昌已经完成了木色湖风景名胜区自行车主题公园规划，策划了 6 条休闲自行车骑游线路，包括自行车赛道和以“木色湖风景名胜区 ⇌ 县城环西路 ⇌ 雨水岭生态公园”为主线的约 40 千米的城市自行车慢行系统。

地址：屯昌县

琼海慢行绿道 S9

琼海市慢行绿道全长 150 千米，沿线分布有不同的旅游景观驿站。以万泉镇文曲河畔的生态旅游慢行绿道为主体，沿着万泉河畔一路延伸，串联起嘉积、万泉、石壁、龙江等 6 镇，形成万泉河中游休闲片区；同时绿道又串联起嘉积、博鳌、潭门，形成万泉河下游海洋文化休闲旅游区。

地址：琼海市万泉河中下游沿岸

最美公路

儋州至白沙最美乡村公路 K7-L10

从儋州的海榆西线 225 国道路口至白沙县城，38 千米的 S315 省道犹如一位深藏闺阁中的妩媚少女，孤独地守候在乡野中。这条公路在群山峻岭中盘旋，让人有“飞流直下三千尺，疑是银河落九天”的感觉。这里少有车辆来往，遮天蔽日的行道树下，有被精心打理的花圃。此路途经一个美丽的小村庄，名叫“天堂村”。

地址：S315 省道（儋州市海榆西线 225 国道至白沙县城）

昌江木棉梯田乡村公路 G9-H9

每年的 1 至 3 月是昌江木棉花相继绽放的时间。从七叉镇至霸王岭国家森林公园，13 千米的公路及相连的乡间小路，两旁的山岭、河岸、梯田，到处都开满了火红火红的木棉花。此时，乙劳村几十株百年杧果树也绽开花来，空气中弥漫着杧果花的香味，咖啡园里的咖啡树才刚刚结出一串串粉红、紫红的咖啡果，香蕉却已到了收获的季节。

地址：昌江黎族自治县七叉镇

松涛水库最美乡村公路 L7/L8

松涛水库大坝专用道只有 9 千米，是海南岛最精致、最有野趣的乡间公路。平坦的柏油路在峡谷中弯曲延伸，四周青山环抱，溪水潺潺。间或会有小桥横跨小河，两岸竹林婆娑起舞，车在林中行，林中花似锦；不经意间会看到路旁一座废弃的大桥通向幽深的山岭，似乎在等待衣着鲜艳的游人来点缀。

地址：S307 省道至松涛水库大坝

文昌滨海旅游公路 U6-S2

文昌滨海旅游公路是海南最早开建的旅游公路之一，全长约 99 千米，连接铺前跨海大桥与清澜跨海大桥，是沿文昌东北海岸线的滨海旅游快速干道，由国道 G360 和省道 S206 组成。旅游公路将沿线的清澜港、东郊椰林、云龙湾、石头公园、铜鼓岭、航天主题公园、月亮湾、宋氏祖居、潮滩鼻风车海岸、海南角（木兰角）、铺前骑楼老街、溪北书院、海南湾（木兰湾）等散落的旅游景点串联起来，形成文昌最具特色的旅游观光带。

地址：文昌市清澜港至铺前镇

全景
海南
三亚旅游
紅樓
Océanis 43

美丽三亚，浪漫天涯

美食集结

夜市 / 酒吧

大东海夜市

地址：三亚市吉阳区东海路

天涯·亿恒主题夜市

地址：三亚市天涯区解放四路

团结街夜市

地址：三亚市天涯区团结街

百花谷商业街

地址：三亚市亚龙湾华宇度假酒店旁

奥特莱斯海鲜广场

地址：三亚市亚龙湾龙溪路

海昌梦幻海洋不夜城

地址：三亚市海棠区海岸大道

时代海岸酒吧街

地址：三亚市榆亚路鸿洲埃德瑞度假酒店外

传统小吃店

光明黄流老鸭店

地址：三亚市胜利路海港市场旁

正宗第一家黄流老鸭

地址：三亚市胜利路

港门粉

地址：三亚市凤凰路林荫河畔

亚亲姊港门粉

地址：三亚市儋州社区三巷 50 号 1 楼

乡妈妈后安粉

地址：三亚市下新中路与亚龙湾路交叉口东南 50 米

陈记隆江猪脚饭

地址：三亚市荔枝沟路

甜蜜蜜（连锁）

地址：三亚市和平街 126 号、荔枝沟路 127 号、商品街

姐妹清补凉

地址：三亚市红旗街 84 号、吉祥街 105 号

崖乡小吃（榴莲椰奶炒冰）

地址：三亚市红旗街一巷

海南菜饭店

椰小鸡·椰子鸡（连锁）

地址：三亚市迎宾路金凤凰海景度假公寓 3 楼、新城路丽禾华美达广场酒店一楼、海棠北路海棠 68 商业街

龙泉人（连锁）

地址：三亚市解放四路、三亚湾团结路等

海南人家

地址：三亚市亚龙湾百花谷商业中心

海岛的椰子鸡

地址：三亚市河西路

友谊加积鸭鹅肉店

地址：三亚市三亚河西路

老朱记烤鸭店

地址：三亚市商品街八巷 19 号 1 楼

牛货瓦片烤肉

地址：三亚市解放二路华宝石大酒店对面

汉鑫桑拿菜

地址：三亚市海润路万翔美食广场

海鲜排档

三亚第一农贸市场

地址：三亚市新建街

春园海鲜广场

地址：三亚市河西路

火车头万人海鲜广场

地址：三亚市海润路北段

友谊社区海鲜广场

地址：三亚市友谊路

回族酸鱼汤

酸鱼汤原本是三亚回族渔民日常的餐食，却被人们传说“鲜得直跳眉毛”。其实，酸鱼汤贵在掺入了天然的配料：一盆香喷喷的酸鱼汤，绿的是酸杨桃，黄的是姜丝，红的是番茄，白的是新鲜海鱼肉，还有酸白萝卜、酸豆，色香俱全。吃酸鱼汤，再配上一盘白灼虾，一碗用红米、黑豆和椰奶煮成的红米饭，这一餐美味便永远凝固在舌尖上。

第一家鲜鱼汤清真老饭店

地址：三亚市回新村

三亚鲜鱼汤店

地址：三亚市解放路

阿南正传鱼档

地址：三亚市吉祥街

三亚椰子盅

以鲜椰子为盅，配以多种辅料，精炖乳鸽或鸡肉。椰子盅汤液乳白，椰香浓郁，味道鲜美，营养丰富。手巧的厨师往往还会在椰子的表皮上雕刻出海南风光图案，精妙绝伦。椰子盅做得好的饭店，一般是主营海鲜的饭店和酒楼。

美味生活（私房菜）

地址：三亚市亚龙湾博后村

东海龙宫

地址：三亚市海花路

海之花海鲜十五年老字号

地址：三亚市东海路 5 号别墅

东郊椰林美食城

地址：三亚市榆亚路

商业中心

解放路步行街

地址：三亚市天涯区

三亚风情街

地址：三亚市天涯区

三亚国际购物中心

地址：三亚市解放路

1 号港湾城

地址：三亚市榆亚路

夏日百货

地址：三亚市海韵路

亚龙湾亚泰商业中心

地址：三亚市亚龙湾路

城市娱乐

亚特兰蒂斯水世界

亚特兰蒂斯不仅是度假酒店，而且是集娱乐、餐饮、购物、演艺及特色海洋文化体验于一体的旅游综合体。除 1 314 间全海景客房、水底套房和 21 家寰球美食餐厅外，亚特兰蒂斯还有更具吸引力的水世界和“失落的空间”水族馆。其中水世界有老少皆宜的娱乐项目，也有“海神之跃”“放手一搏”“飓风之眼”等一系列让人肾上腺素飙升的水上项目。

地址：三亚市海棠湾区海棠北路

交通：公交 35 路、海棠 3 号经停

电话：0898-88986666

海昌梦幻海洋不夜城

这是一个集文化旅游、休闲度假、娱乐体验、创新商业为一体的海洋主题文娱综合体，有 11 大娱乐项目、2 大剧场秀、30 余场环球风情演艺节目、8 大主题餐厅、50 余家特色餐饮及 30 多家主题商品店铺，24 小时营业。此外，园区引进了 280 多种 3 万多只海洋生物，以 21 世纪海上丝绸之路沿线的各大海湾为原型创建了不同的主题分区，呈现出不同的景观和文化。

地址：三亚市海棠区海岸大道
交通：公交 33 路、35 路、海棠 3 号经停附近
电话：400-601-6699

梦幻水上乐园

梦幻水上乐园是一个集养生社区、度假酒店、水上娱乐、互动表演秀、水陆园于一体的综合性度假区。其中，水上飞龙、雨林漂流、螺旋旋风、冲天回旋、峡谷漂流、彩虹滑道、尖峰时刻、超级大喇叭、萌宝水城、欢乐海岸、飓风海啸、梦幻水寨、三大秀场等娱乐项目都十分受欢迎。

地址：三亚市天涯区海南环岛高速和槟榔河路交叉口东北角
交通：公交 4 路经停
电话：0898-38299000

《红色娘子军》实景演出

大型实景演出《红色娘子军》以红色娘子军故事为背景，以海南热带森林为环境意象，融合黎族风情，以清澈的万泉河水为情感符号，结合真实山体制作背景和沉浸式移动式座椅，以高科技手段实现电影化场景转换，艺术再现、创新演绎了一个峥嵘而光辉的年代，如一场实景电影，又如一幅动态的大型青春实景影画。

地址：三亚市天涯区槟榔河东侧红色娘子军演艺公园
交通：公交 54 路经停
电话：0898-88818588

景点

南山文化旅游区 / 崖州区 /5A
大小洞天旅游区 / 崖州区 /5A
蜈支洲岛旅游区 / 海棠区 /5A
大东海旅游区 / 吉阳区 /4A
西岛旅游区 / 天涯区 /4A
天涯海角游览区 / 天涯区 /4A
鹿回头风景区 / 吉阳区 /4A
亚龙湾热带天堂森林公园 / 吉阳区 /4A
水稻国家公园 / 海棠区 /4A
凤凰岭海誓山盟景区 / 吉阳区 /3A
兰花世界文化旅游区 / 天涯区 /3A
红色娘子军演艺公园 / 天涯区 /3A
亚龙湾国际玫瑰谷 / 吉阳区 /3A
亚龙湾海底世界 / 吉阳区 /3A
南天热带植物园 / 天涯区 /2A

亚龙湾 3A L16

打卡

亚龙湾连绵的青山拥抱着一湾蓝绿相间的海水，被人们赞誉为“天下第一湾”。亚龙湾绵延 7.5 千米，海滩平缓宽阔，沙质细白，海水清澈，海底是保护完好的珊瑚礁。亚龙湾的海底世界拥有几十种海上游乐项目，人们在这里可以尽情感受亚龙湾的魅力，充分领略海洋运动的乐趣。

地址：三亚市吉阳区

交通：公交 15、24、25、27、微 5 路经停

免票

大东海 4A K17

打卡

大东海是中国最早的冬泳避寒胜地和热带滨海度假区，也是三亚开发最早、最成熟的开放式滨海度假区。大东海海滩长 2.9 千米，以“椰风海韵”“水暖沙白滩平”蜚声海内外，曾被国家旅游局评为“中国四十佳景”之一。大东海海上游乐设施齐全，大东海广场上商业中心、海鲜排档、夜市、酒吧街应有尽有。

地址：三亚市海榆路大东海旅游区

交通：公交 2、4、8、15、18、19、25、28、34、36、41、53、55、微 4、微 6 路经停大东海广场站

免票

南山 5A H16

南山古称“鳌山”。1993 年开始，为圆观音菩萨“十二心愿”之第二愿“愿长居南海”，南山先后建成南山寺和海上观音像。现今的南山以佛教文化为渊源，把中国、日本、欧洲的雕塑、建筑融入庞大的园林之中，气势恢宏，形成“天人合一”的佛教文化景观。世界上最高的 108 米海上观音圣像坐落在南山的海中，一体化三尊白衣观音象征着慈悲、智慧、和平。

地址：三亚市崖城镇南山文化旅游区
交通：公交 16、25、30、55、57 路、崖州 1 号经停
电话：0898-88837888

大小洞天 5A H16

大小洞天背靠鳌山，面朝南海，自古就被誉为“南溟奇甸”，是当之无愧的“琼崖第一山水名胜”。大小洞天有浑然天成的海景、山景、石景和上万株千年龙血树，是大自然塑造的“海山奇观”，而鳌山古道上古人留下的无数摩崖石刻和人们最新供奉的巨型南海神鳌、南海龙王的原身像，更赋予了大小洞天浓厚的道教文化色彩。

地址：三亚市崖城镇
交通：公交 25、30、57 路，崖州 6 号经停
电话：0898-88830188

蜈支洲岛 5A M16

蜈支洲岛因貌似海洋甲壳生物“蜈支”（闽南方言）而得名。蜈支洲岛上自然风光绮丽，自然资源丰富。岛上拥有包括潜水在内的 30 多种海上和沙滩娱乐项目，极具特色的豪华酒店、木屋、酒吧、网球场、海鲜餐厅应有尽有，密林中还有渔民们为求海上平安而修建的妈祖庙。

地址：三亚市海棠区蜈支洲岛旅游区

交通：公交 23、28、33、35 路、海棠 1 号经停

电话：0898-88811777

景区度假：蜈支洲岛珊瑚酒店（0898-88536666）

天涯海角 4A J16

天涯海角在中国人心中不仅是一个地理坐标，还是一个表达爱情、追忆故人、纪念历史的图腾。天涯海角海滩上数百块磊石耸立，上有众多石刻，从康熙年间天文大地测绘活动最南地标“海判南天”，到雍正年间的“天涯”，再到宣统年间的“南天一柱”，最后到民国时期的“海角”，时间跨度为 224 年，至今已有约 300 年历史。这里的每一个石刻都打上了深深的历史烙印，人们在享受自然美景的同时也可以领略到深厚的中华文化的魅力。

地址：三亚市天涯区

交通：公交 14、16、25、30、32、55、57 路经停，26、39 路直达

电话：0898-88910131

热带天堂森林公园 5A L16

热带天堂森林公园犹如一颗明珠，镶嵌在亚龙湾的皇冠上。这是海南第一座滨海山地生态观光兼生态度假的森林公园，地处保护完好的热带低山常绿季雨矮林生态系统，热带雨林景观比比皆是。密林中一座座由栈道相连的木屋、帐篷状似鸟巢，被戏称为“亚龙湾鸟巢”。

地址：三亚市亚龙湾路
交通：公交 15、25、27 路经停
电话：0898-38238888

西岛 4A J16

西岛又名西（玳）瑁岛（洲），因形似大海里的玳瑁而得名，是海南岛周边仅次于大洲岛的第二大岛。岛上村庄、椰林、沙滩、珊瑚礁、岩石、岩洞、峭壁呈多样化风貌，景色秀丽。西岛周边海域（包括未开放的东岛）盛产鲍鱼、龙虾、珍珠贝、海蜇等水产，海底珊瑚礁保护完好，一年四季都适合开展潜水等海上娱乐活动。

地址：三亚市天涯区
交通：公交 16、25、26、30、32、55、57 路经停
电话：0898-88910888

鹿回头 4A K16

鹿回头是一座海拔 275 米的山岭，远看如一只美丽的小鹿站在海边回头凝望。山顶上树立着一座 12 米高的巨石雕像，呈现了黎族一段流传千古的爱情神话。如今，这里的半岛、山岭和黎寨都取名“鹿回头”，三亚市也因此被称为“鹿城”。鹿回头山顶是俯瞰三亚城区的最佳地点，在这里能欣赏到不同风格的三亚，尤其是傍晚一轮夕阳下的三亚和夜色下霓虹璀璨的三亚，浪漫而妖娆。

地址：三亚市鹿岭路

交通：公交 26、微 4 路经停，54、55 路直达

电话：0898-88989588

千古情 K16

千古情是宋城演艺继《宋城千古情》之后，为三亚量身打造的“千古情”系列演艺品牌。千古情大剧院上演的大型歌舞《三亚千古情》精彩纷呈，浓缩了三亚万年历史文化与传奇故事。景区内，具有海南特色的非物质文化遗产手工作坊、工艺品集市、小吃店等应有尽有。

地址：三亚市迎宾路

交通：公交 1、6、7、9、23、27、40、45 路经停

电话：0898-88658333

凤凰岭 3A K16

凤凰岭原名狗岭，海拔 393 米，是三亚市区的制高点。乘坐长达 1 624 米贯穿热带雨林的空中索道到达山顶，再踏上一条环绕山顶 2 千米的观景长廊，放眼远望，呈现在眼前的是 360 度全方位的三亚美景，三亚湾、大东海、小东海、榆林湾、亚龙湾一览无余。

地址：三亚市龙岭路 300 号
交通：公交 17、24、55 路经停
电话：0898-88665778

亚龙湾爱立方滨海乐园 L16

爱立方是将亚龙湾原有的中心广场、贝壳馆、蝴蝶谷三个景点进行升级改造后打造的热带滨海度假综合体，包括亚龙湾印象区、滨海乐园区、山海相望区、观海休闲区、山顶丛林区、蝴蝶谷生态区六大旅游区域。

地址：三亚市亚龙湾路
交通：公交 15、24、25、27、微 5 路直达
电话：0898-88568899

游船

三亚海上巴士 K16

海上巴士采用速行慢游的理念：快速航行阶段，乘客可在船舱内观赏魔术、舞蹈、乐队弹唱等表演；经过景点时慢游，乘客可到甲板上观光拍照。海上巴士由“海琨号”运营，这是一艘豪华高速客轮，船长 42 米，宽 12 米，内设 349 个客位。对于时间紧张的游客来说，乘坐海上巴士在几小时内把三亚西部的凤凰岛、三亚湾、天涯海角、南山等景区游览完，无疑是一个非常省时而又特别的游览方式。

登船地点：三亚市榆亚路鹿回头广场公共码头

航行时间：每天 14:30 开船，全程 2—2.5 小时

航线：鹿回头广场公共码头 ⇌ 凤凰岛 ⇌ 东岛 ⇌ 西岛 ⇌ 南海观音 ⇌ 天涯海角

交通：公交 2、3、4、8、10、15、18、19、26、34、52、53、54、58 路，城际 1 号、城际 2 号、城际 3 号经停海上巴士（西）站

电话：0898-88691995

手机购票：微信公众号“三亚海上巴士”

夜游三亚湾 K16

游船从三亚河码头驶出，穿过喧嚣的三亚河两岸，一路可以观赏到疍家渔村、鹿回头、凤凰岛、东岛、椰梦长廊……迎着徐徐的海风，听着涛声，夜晚的三亚呈现出迷人的绚丽和神秘，给远道而来的游客以无限遐想的空间，从另外一个角度和方位来欣赏这座美丽的城市。

“珊瑚号”游船

登船地点：三亚市榆亚路鹿回头广场公共码头

开船时间：全程 60—70 分钟，第一班 19:00 开船，第二班 20:00 开船

交通：公交 19 路直达，2、3、4、8、10、15、18、25、26、34、36、52、53、54、58 路，城际 1 号、城际 2 号、城际 3 号经停海上巴士站

电话：0898-66600117

“永乐号”游船

登船地点：三亚市榆亚路星华游艇码头（鹿回头广场南侧）

开船时间：全程约 80 分钟，第一班 19:10 开船，第二班 20:20 开船，第三班 20:20 开船

交通：公交 19 路直达，2、3、4、8、10、15、18、25、26、34、36、52、53、54、58 路，城际 1 号、城际 2 号、城际 3 号经停海上巴士站

电话：0898-66760314

“扬帆号”游船

登船地点：三亚市鸿洲时代海岸扬帆游艇码头

开船时间：全程 70 分钟，第一班 18:30 开船，第二班 20:00 开船

交通：公交 2、3、4、7、8、9、10、11、15、18、22、26、40、50、52、54、58、微 1、微 6 路经停市委站

电话：0898-88239080

乡村

博后村 / 吉阳区 /5 椰级
抱龙村 / 天涯区 /5 椰级
中廖村 / 吉阳区 /5 椰级

亚龙湾国际玫瑰谷 3A L16

连绵起伏的山丘下，玫瑰花娇艳地盛开在稻田旁、湖泊畔。这里有绿白相间的小木屋、希腊式的高柱和塑像、鲜花装扮的马车、篱笆墙内的风车，犹如童话世界。吃一餐花样美食，泡一壶玫瑰花茶，酌一杯玫瑰酿酒，体验一次玫瑰 SPA，带走一瓶玫瑰精油，浪漫就可以一直延续到家。

地址：三亚市亚龙湾国际旅游度假区内

交通：公交 27、微 5 路经停

电话：0898-88662988

兰花世界 3A I16

兰花世界堪称世界上最大的热带兰花主题公园。公园里，景中有花，花寓于景，不仅有奇妙的植物奇观，还有湖光山色、飞瀑溪潭、岩洞怪石等集原生性、科考性、多样性、趣味性于一体的生态环境。

地址：三亚市天涯区
交通：公交 55 路经停
电话：0898-38888688

抱龙村 5 椰级 J14

抱龙村是一个黎族、苗族聚居型村庄，背倚抱龙国家森林公园，村庄周边绿树成荫，自然生态环境优美，以“好山、好水、好风光、好民风”成为美丽乡村示范村。抱龙国家森林公园里热带低地雨林连片分布，属国家重点“天然林资源保护工程区”。

地址：三亚市天涯区
交通：公交天涯 1 路经停

博后村 5椰级 L16

博后村云集了25家旅租及客栈，可提供客房近500间，还有2家农家乐、1家超市。行走在博后村，满目皆是绿色编织的绮丽风光——田野里，翩飞的白鹭与黄牛和谐相处；公路边，一排排客栈敞开大门喜迎宾客。亚龙湾玫瑰谷就位于博后村。

地址：三亚市吉阳区
交通：公交微5经停

大茅村 5椰级 L6

大茅村又被称为远洋生态村。走入村中，映入眼帘的是透明精致的高科温室，里面培育着蔬菜和水果。大茅河贯穿大茅村，一座漫水桥横跨两岸，孩子们踏着漂亮的水花寻找刺激。走出村外，可以看见漫山遍野的四季花海，如梦境中的诗和远方。一片偌大的草坪安放的是休憩空间，在青山绿树的环绕下，人们在这里放空身心，投入大自然的怀抱。

地址：三亚市吉阳区
交通：公交20路经停

中廖村 5椰级 L16

中廖村是黎族村寨。这里依山傍水，宽阔的村中小路两边是开满鲜花的竹篱笆，农家小院、榕树广场、民宿、咖啡屋、茶舍、餐厅处处体现着浓郁的黎族特色，14千米长的绿道穿行在热带田园里，充满乡味和野趣。

地址：三亚市吉阳区
交通：公交20路、城际1号经停

慢行绿道

中廖—大茅绿道 5椰级 L16

14千米长的骑行绿道犹如一条铺设在美丽乡村的生态绿带，串联起中廖村至大茅村的美丽乡村游。绿道沿途可摘鲜果、赏鲜花、观田园、尝乡味、品乡情。一路向前，途经里一、里二、上塘、下塘、上鹿、下鹿、上半岭、下半岭等数十个自然村落，沿途椰林葱翠、田园芬芳、杧果飘香、菠萝蜜挂枝。绿道由24厘米厚的沥青铺设，路面偏软，不仅适合山地车、公路车、休闲自行车等各类自行车骑行，也非常适合跑步、散步等。

地址：三亚市中廖村委会至大茅村三浓水库

交通：公交20路、城际1号经停

月川生态绿道 K16

月川生态绿道位于临春河上游，全长约10.6千米，包括慢行道、生态堤岸，其中示范段长约3.5千米。绿道还是一个层次丰富的慢行系统，分为自行车慢行道、人行步道与滨水栈道，犹如城市中的一条“绿色项链”，串联起金鸡岭桥头公园、东岸湿地公园、红树林森林公园、丰兴隆桥头公园等7个公园绿地。

地址：三亚市吉阳区凤凰路至海螺路、溪泽三桥

全景海南

南部旅游

南部市县

万宁市、陵水黎族自治县、五指山市、保亭黎族苗族自治县、琼中黎族苗族自治县、乐东黎族自治县、东方市

线路分类

东线（223 国道、东线高速）市县：三亚市 ⇌ 陵水黎族自治县 ⇌ 万宁市

中线（224 国道、中线高速、东线高速）市县：三亚市 ⇌ 保亭黎族苗族自治县 ⇌ 五指山市 ⇌ 琼中黎族苗族自治县

西线（225 国道、西线高速、中线高速）市县：三亚市 ⇌ 乐东黎族自治县 ⇌ 东方市

行程分类

三亚往返一日游可选市县：保亭黎族苗族自治县、陵水黎族自治县、乐东黎族自治县

三亚往返两日游可选市县：万宁市、五指山市、琼中黎族苗族自治县、东方市

城市娱乐

麦迪卡斯水乐园 O15

麦迪卡斯水乐园是陵水富力海洋欢乐世界五大园区之一，已建成懒人河、大喇叭、竞速滑道等体验项目。园区的核心项目是人工造浪池，一次可容纳 2 000 余人，能造出高达 1.5 米的巨浪。

地址：陵水黎族自治县黎安镇富力海洋欢乐世界

电话：0898-38299000

美食集结

夜市 / 咖啡馆 / 餐酒吧

隆苑咖啡庄园

地址：万宁市兴隆区华侨农场 30 队

电话：0898-62561817

椰香 QQ 糕和椰汁东山羊

浙江卫视某综艺节目的第二季压轴戏在万宁收官，其嘉宾在隆苑咖啡庄园共同研制了椰香 QQ 糕和椰汁东山羊两款美食。

传统小吃店

北楼后安粉汤（连锁）

地址：万宁市人民中路、万城镇红专中路

和乐蟹

和乐蟹，学名锯缘青蟹，产于万宁市半咸半淡的小海中。和乐蟹膏满肉肥，在青蟹中很罕见，特别是其脂膏，金黄油亮，犹如咸鸭蛋黄，香味扑鼻。和乐蟹的烹调方法多种多样，蒸、煮、炒、烤均具特色，但以清蒸为最佳，既保持原味之鲜，又兼原色、原形之美，蘸以姜、醋配成的调料，不愧为“美在其表，鲜在其中”。一年中，尤以清明时节的和乐蟹最好吃，这一时期的和乐蟹黄多且肉嫩。

新海府和乐蟹粥城（连锁）

地址：万宁市日月湾风景区

东山羊

东山羊分布在万宁东山岭，自小野生放养，个头小，擅奔跑，吃百草，尤喜食鹧鸪草。东山羊有多种烹制方法，红烧的羊肉香味四溢，清煮的羊汤色白如乳，小炒的羊杂喷香诱人，若是涮火锅，则香而不膻，唇齿留香。万宁人吃东山羊喜欢以东山烙饼做主食，东山烙饼类似北方的千层饼，外皮酥脆，内里酥软，香深味美，被誉为“海南第一饼”。

东山羊农家乐餐饮园

地址：万宁市万城镇东方村中石化加油站旁

黄流老鸭

黄流老鸭的鸭子采用放养的黄流本地鸭种，最大特点是所选的鸭子一定是下蛋一年以上的老鸭子，鸭肉香劲而不肥腻。黄流老鸭有多种烹制方法，最常见的是白切和干煸两种。

黄流叉路老鸭汤店

地址：乐东黎族自治县黄金大道

黄流亚玲老鸭店

地址：乐东黎族自治县黄金大道

保亭什玲鸡

什玲鸡是保亭什玲镇出产的一种自然放养的走地鸡，被人们叫作“睡在树上的鸡”。什玲鸡皮薄肉滑，骨髓溢香，不论吊烧、生炒、干锅，还是竹筒煲，都鲜美可口。

隆滨休闲农庄

地址：保亭黎族苗族自治县南茂农场胜利队

菠萝岛休闲农庄

地址：保亭黎族苗族自治县金江农场

五指山小黄牛

五指山黎、苗族居民把小黄牛放养在原始森林中，任其自由食百草而长，每隔一段时间才会上山喂食盐巴，这些小黄牛也就成了“不回家的牛”。小黄牛肉质细嫩，肉味鲜美，营养丰富，当地人的传统做法是架在木炭上烤，亦可做成牛扒、铁板烧，或配药材和香料煮成卤水牛肉。

五指山民族风味园

地址：五指山市民族博物馆旁

南圣休闲农庄

地址：五指山市南圣镇

什价郎农家乐

地址：五指山市五指山路

琼中五脚猪

五脚猪又名香猪，是琼中本地小种母猪被放养到山里与野猪杂交所生的小猪，具有野猪的习性和体质。五脚猪四肢短小，嘴巴尖长，走路时嘴巴几乎贴地，看起来就像有五只脚，因此黎、苗族居民称之为“五脚猪”。五脚猪皮厚油少，肉质结实，鲜嫩爽口，味道芳香，无论是白切、烧烤或涮火锅都味道极佳，风味独特。

海山岛饭店

地址：琼中黎族苗族自治县湾岭镇

大边河乡村风味酒店

地址：琼中黎族苗族自治县湾岭镇

月田园农家乐

地址：琼中黎族苗族自治县黎母山镇

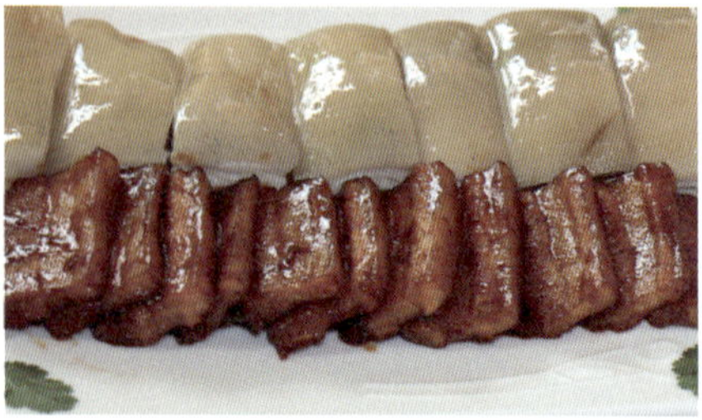

鱼茶、肉茶和“南杀”

鱼茶也称“鱼酸”，是黎、苗族人民待客的主要菜肴。把新鲜的淡水鱼肉、鱼骨、鱼头甚至猪肉用盐腌制，然后拌入半熟的山栏米煮成的干饭或稀糯米饭中，装入瓦罐，以芭蕉叶密封，经过 20 多天的发酵后便可食用。鱼茶具有丰富的氨基酸和蛋白质，发酵时间越长，味道越发酸臭，吃起来也更加好吃。如果选用生肉拌入山栏糯米饭中发酵，就叫“肉茶”；如果选用黎语中的“莉嫩”“子温”等野菜或牛、鹿等动物的脊椎骨拌入山栏糯米饭中发酵，就叫“南杀”。鱼茶和肉茶都是黎族待客的佳肴，“南杀”则被认为常吃有排毒的作用。

周道农乐乐

地址：保亭黎族苗族自治县什玲镇桥头

竹筒饭和五色饭

竹筒饭是海南黎族人外出打猎之“便当”。竹筒饭的做法是将山栏糯米放入新鲜的竹筒中，加水后，用香蕉叶将筒口堵严，然后放入炭火中烧烤，待绿竹烤焦即可劈开食用。竹筒饭香软可口，有香竹之清香和米饭之芬芳。

五色饭是海南苗族在“三月三”节庆时待客的美食，以新鲜植物红蓝藤、黄姜和三角枫等的汁液作为天然色素，分别拌在山栏糯米中，按照颜色划分区域，放在独木蒸笼中蒸熟。五色饭色彩鲜艳，营养丰富，有药材之甘香及清热解毒之功效。如今五色饭已改成简单的三色饭，很多农家乐都有烹制。

布隆赛乡村文化旅游区

地址：保亭黎族苗族自治县三道镇

营城红云湖农家乐

地址：琼中黎族苗族自治县长征镇

景点

槟榔谷黎苗文化旅游区 / 保亭黎族苗族自治县 /5A
呀诺达雨林文化旅游区 / 保亭黎族苗族自治县 /5A
分界洲岛旅游区 / 陵水黎族自治县 /5A
七仙岭温泉国家森林公园 / 保亭黎族苗族自治县 /4A
南湾猴岛生态旅游区 / 陵水黎族自治县 /4A
清水湾旅游区 / 陵水黎族自治县 /4A
东山岭文化旅游区 / 万宁市 /4A
兴隆热带植物园 / 万宁市 /4A
巴厘村景区 / 万宁市 /3A
椰田古寨景区 / 陵水黎族自治县 /3A
五指山水满河热带雨林风景区 / 五指山市 /3A
白沙起义纪念园 / 琼中黎族苗族自治县 /2A
圣哒哒湖畔公园景区 / 白沙黎族自治县 /2A
海东方公园 / 东方市 /2A
毛公山旅游景区 / 乐东黎族自治县 /2A

槟榔谷 5A L15

槟榔谷由非遗村、甘什黎村、谷银苗家、田野黎家、实景剧场、黎苗风味美食街、兰花客栈和田园客栈构成。景区以真实场景展示了十项国家级非物质文化遗产，其中“黎族传统纺染织绣技艺”被联合国教科文组织列入急需保护的非物质文化遗产名录。《槟榔•古韵》是一台以自然山、水、树、石和黎族苗族民居实景作为背景，反映黎族苗族传统文化的大型原生态实景民族歌舞剧，是了解海南少数民族文化的一个窗口。

地址：保亭黎族苗族自治县三道镇槟榔谷黎苗文化旅游区
交通：从三亚火车站始发的公交城际 1 号经停
电话：0898-38661116
景区度假：兰花客栈、田园客栈（0898-38668889）

呀诺达 5A L16

呀诺达地处热带雨林腹地，原始森林遮天蔽日，古榕、老藤、巨蕨、桄榔、桫椤、灵芝、见血封喉等热带雨林植物种类繁多，流泉叠瀑、峭壁悬崖，尽显大自然的魅力。呀诺达由雨林谷、梦幻谷、三道谷等主题景点组成，以生态栈道、飞瀑索道相连接，环绕成 18 千米长的雨林景观穿梭通道。此外，还建有雨林一号度假酒店等相关旅游服务配套设施。

地址：保亭黎族苗族自治县三道镇呀诺达雨林文化旅游区
交通 1：从三亚火车站始发的公交城际 1 号直达呀诺达
交通 2：三亚—呀诺达散客直通车，需提前一天预定座位。线路 1 为三亚湾君澜酒店（08:00、09:00 发车）⇌ 三亚市内 ⇌ 大东海 ⇌ 呀诺达景区，沿途经停；线路 2 为三亚解放路明珠广场（09:00 发车）⇌ 三亚市内 ⇌ 大东海 ⇌ 亚龙湾 ⇌ 呀诺达景区，沿途经停
电话：0898-83883333　景区度假：雨林一号度假酒店（400-0463-888）

南湾猴岛 4A Q15

南湾猴岛是一个三面环海的半岛，岛上巨石遍布，岩洞无数，物种繁多。岛上自然状态下生活着21群2 500多只活泼可爱的猕猴，它们各自占山为王。猕猴是国家二级保护动物，南湾猴岛是我国唯一的岛屿型猕猴自然保护区，也是世界上唯一的热带岛屿猕猴自然保护区。

地址：陵水黎族自治县新村镇南湾猴岛生态旅游区

交通：从三亚海坡始发的公交城际2号直达

电话：0898-83362714

分界洲岛 5A P14

分界洲岛位于陵水与万宁交界处距牛岭8海里的海中，面积仅约1平方千米。分界洲海水清澈，海底珊瑚及海洋生物十分丰富，岛上开展了潜水等多种海上游乐项目，成为海洋休闲游乐的天堂。登山远眺，相连的万宁日月湾和陵水香水湾一览无余，东线高速路和东线高铁在此交会后，沿海岸分别向南北延伸。

地址：陵水黎族自治县牛岭分界洲岛旅游区

交通：乘动车至陵水站下车，在车站门口乘坐分界洲岛旅游区专线免费巴士，15分钟左右即可直接到景区

电话：0898-31819999

景区度假：三亚分界洲岛海钓会所（0898-83349222）

兴隆热带植物园 4A P13

兴隆热带植物园有 1 200 多个植物品种，划分为热带香料饮料作物、热带名优果树、热带经济林木、热带园艺植物、热带药用植物、热带珍稀植物等展区，汇集有咖啡、胡椒、香草兰、可可等热带经济作物，以及榴莲、山竹等特产果木，在这里能真正了解到热带植物王国丰富的物种及其渊源。

地址：万宁市兴隆华侨旅游经济区

电话：0898-62555900

七仙岭 4A L13

七仙岭原名“七指岭”，七座山峰如大自然伸出的巨掌，直指苍穹。远看七仙岭，云遮雾绕，酷似七位仙女亭亭玉立，所以后人又称之为“七仙岭”。从七仙岭山下沿 3 770 级石阶缓缓而上，一路上雨林茂密，溪流潺潺，花香四溢，热带雨林奇观历历在目，普通人只需 2 个多小时就可登顶。在石阶尽头 2 200 米处，徒手攀爬坡度为 75 度的二十多米高的崖壁后，海拔 1 126 米的最高峰（第二峰）便被踩到脚下。这时眺望四周，便会陡然发出“会当凌绝顶，一览众山小”的感慨。

地址：保亭黎族苗族自治县七仙岭温泉国家森林公园

交通：从三亚火车站始发的公交城际 1 号直达

电话：0898-38665115

东山岭 4A R12

东山岭峙立在海南岛东部一片滨海平原之上，突兀挺拔，自古就有“海外桃源”“海南第一山”之美名，岭上的潮音寺在东南亚华侨中颇有盛名。东山岭主峰海拔 184 米，山上怪石嶙峋，洞穴幽深，丹崖翠壁，古人在此遗留下了众多摩崖石刻。

地址：万宁市万城镇东山岭文化旅游区

电话：0898-62222299

兴隆热带花园 Q12

兴隆热带花园拥有 3 400 多个植物品种，是一处集观光游乐、休闲度假和科普教育于一体的热带雨林生态环境保护区，被世界环保组织确定为中国四个环保样板单位之一。以热带花园为中心建立的慢行系统把农垦连队、村庄、森林、田园、农家乐连接起来，为兴隆东南亚华侨风情小镇增添了亮丽的色彩。

地址：万宁市兴隆华侨旅游经济区

电话：0898-62571666

五指山热带雨林风景区 3A L11

五指山因最高的五座山峰矗立在一处，形似五指而得名。五指山是海南最大的一组山地，峰峦叠嶂，气候湿润，河流众多，是海南主要江河的发源地，亦如海南岛的绿色心脏，调节着海南中部地区乃至整个海岛的气候和生物生态系统。五指山丛林密布，山势险要，身体条件好的人只需四五个小时便可以攀登上第一峰和第二峰（第二峰海拔 1 867 米，是海南最高峰）。五指山热带雨林风景区位于五指山脚下，一条 3 千米长的雨林栈道穿行在小溪、索桥、巨石、峭壁、参天大树及各种热带雨林景观中，俨然一座天然的植物园。

地址：五指山市水满乡

电话：0898-86666530

尖峰岭 F13

尖峰岭拥有全国整体面积最大、保存最完好、生物多样性指数最高的原始热带雨林。尖峰岭最低处海拔 200 米，最高峰海拔 1 412 米，复杂的地形呈现七个植被垂直带谱，拥有 3 000 多种植物及种类繁多的动物。尖峰岭最值得一游的景点是鸣凤谷，通天大树、空中花园、大板根、植物绞杀、老茎生花、滴水叶尖等热带雨林景观在这里比比皆是。尖峰岭主峰相对海拔较低，攀爬较易，一小时左右即可登顶，山顶有 20 世纪 60 年代末建造的长约 60 米的战备隧道，是海南岛国防建设的历史见证。

地址：乐东黎族自治县尖峰岭国家森林公园

漂流点

五指山红峡谷漂流 L12

五指山红峡谷因峡谷两边的岩石被山泉、雨水冲刷后形成黄中带红的颜色而得名。汇聚了无数山泉、瀑布和溪流，南圣河在红峡谷的山涧逶迤绵延，人们可以划着橡皮艇顺流而下，欣赏两岸群山峻岭和热带原始雨林，仿佛置身诗画当中。偶遇激流、险滩和狭道，有惊无险，尽享成功的喜悦。漂流全程 3.8 千米，用时 100 分钟，落差 80 余米，每年八九月份的雨季，常有瀑布从数十米高的地方倾泻而下，十分壮观。

地址：五指山市南圣镇往水满乡方向 6 千米处

电话：0898-86666688

五指山雨林谷漂流 R11

水满河由五指山原始森林中的山泉水汇聚而成，到达水满乡后，时而水流湍急，时而水平如镜。漂流全长 4 千米，用时 90 分钟，沿途险滩跌水落差可达 8 米，总落差 80 米。两岸如展开的长幅画卷，黎苗风情和田园风光不断映入眼帘，妩媚秀丽。

地址：五指山市水满乡热带雨林风景区

电话：0898-86666530

五指山大峡谷漂流 R11

发源于五指山的水满河穿过群山的环抱来到毛阳水电站五指山大坝，摇身一变成为毛阳河。毛阳河穿过五指山大坝后形成湍急的河水，顺着大峡谷奔流而下，最终流进海南第二大河流——昌化江。大峡谷两岸奇石林立，水流湍急，其中最大落差 80 米。漂流全程 6 千米—9 千米，用时 90—120 分钟，游客能真实体验到五指山大峡谷的乐、险、奇、趣。

地址：五指山市水满乡五指山自然保护区内

电话：0898-86636655

琼中峡漂流 O11

万泉河从五指山北麓流出，在汇入牛路岭水库前的上游被称为“乘坡河”。乘坡河在一段长约 1 000 米、宽约 300 米的河道里形成了世界罕见的地质奇观——花岗岩石臼群，据考证，该奇观形成于 300 万至 200 万年前的第四纪早期。琼中峡漂流全程 3 800 米，总落差 68 米，沿途山峦奇伟险峻，古木参天，景色神奇，漫江碧透。漂流点有儿童漂流、高空拓展、索溪探险、农耕农作等项目，老少咸宜。

地址：琼中黎族苗族自治县和平镇合口村

电话：0898-86350000

乡村

布隆赛乡村文化旅游区 / 保亭黎族苗族自治县 /4 椰级
隆滨休闲农庄 / 保亭黎族苗族自治县南茂农场胜利队 /4 椰级
秀丽山庄 / 保亭黎族苗族自治县南茂农场秀丽队 /4 椰级
民心农家乐 / 乐东黎族自治县尖峰镇 /4 椰级
坡村红色旅游主题公园 / 陵水黎族自治县文罗镇坡村 /4 椰级
红角岭农家乐 / 陵水黎族自治县光坡镇 /4 椰级
抱班村乡村旅游点 / 乐东黎族自治县万冲镇 /4 椰级
文通梦想庄园乡村旅游点 / 万宁市长丰镇文通村 /4 椰级
兴隆咖啡谷乡村旅游点 / 万宁市兴隆区华侨旅游经济区 /4 椰级
堑对村乡村旅游点 / 琼中黎族苗族自治县和平镇堑对村 /4 椰级
学而山房乡村旅游点 / 琼中黎族苗族自治县黎母山镇黎母山森林公园 /4 椰级

云湖乡村旅游区 5 椰级 N10

远远望去，一排黎苗风味浓郁的新房伫立在青山间，云雾萦绕；走近细看，小桥、流水、竹筏，恍若仙境。在这里，可以观赏黎苗歌舞，也可以品尝乡村美食，重拾儿时的乐趣。

地址：琼中黎族苗族自治县
电话：0898-86398000

大里生态乡村旅游点 5 椰级 N12

既有壮观的热带雨林和绿意盎然的田园风光，又有淳朴幽静的黎族村落和独特的黎族风情。在大里，可登高远眺日出，可下湖泛舟涉潭戏水，还能赏民族歌舞、黎锦织手工艺。

地址：陵水黎族自治县

保亭神玉文化园 5 椰级 K13

五指山南麓的热带原始雨林山谷，分布着众多溪流，形成一个个湖泊。其中一处被野生荔枝、杪椤林环绕的湖畔，是保亭神玉文化园所在地，这里修建了栈道、书院、湖心禅岛、水上木屋酒店等。白天可看青山云雾，听闻鸟语花香，漫步密林栈道，泛舟涟漪碧水；夜晚可欣赏漫天繁星，体味回归自然的美妙感受。

地址：保亭黎族苗族自治县响水镇

电话：0898-83885588

景区度假：保亭神玉岛度假酒店（0898-38667202）

琼中什寒黎苗山寨 5 椰级 L10

什寒黎苗山寨藏身于海拔800米的高山盆地中，是海南海拔最高的村庄，被誉为“天上什寒”。这里森林茂密，溪流围绕，气候凉爽，风景秀丽，黎族和苗族村民和谐共居。山寨里开设有多家客栈、民宿、帐篷营地和农家饭店，建起了绿道、广场，成为游客体验少数民族风情的旅游胜地。

地址：琼中黎族苗族自治县红毛镇什寒村

椰林湾农家乐 5 椰级 E13

椰林湾农家乐庄园与尖峰岭国家森林公园为邻，依托全国整体面积最大、保存最完好、生物多样性指数最高的原始热带雨林建设而成。这里冬可避寒，夏可避暑，空气中负氧离子浓度极高，堪称人间大氧吧。庄园综合服务设施齐全，乡间民宿、山泉泳池、垂钓池塘、果园、菜园、餐厅及散步小径共同构成一个独特的乡间休闲度假区。

地址：乐东黎族自治县尖峰岭国家森林公园大门外

电话：0898-85629999

最美公路

万宁滨海旅游公路 Q13-S12

这是一条“会讲故事”的旅游公路。公路南起石梅湾高速路出口，北至大花角，全长约 35 千米，全线串联了石梅湾、南燕湾、神州半岛、老爷海、后滩、保定湾、春园湾、大花角等多个美丽海湾，道路两旁分段建有观景台、瞭望塔。其中石梅湾至大花角有近一半路程可以看到大海、沙滩、山岭、河流、田园等景观，让人目不暇接，可谓“车在路上行，人在画中游”。

地址：万宁市石梅湾至大花角

昌江棋子湾旅游公路 E7

全长 29.84 千米，属二级公路，双向四车道，起点位于西线高速公路太坡互通立交跨线桥，终点接于棋子湾旅游度假区。

地址：昌江县太坡互通至棋子湾

慢行绿道

五指山运动绿道 K12

五指山市大部分公路是沿河而建，森林风光优美，四季凉爽，空气清新，是自行车等休闲运动爱好者的天堂。五指山运动绿道全长 159 千米，是一条“8”字形综合自行车运动绿道，路线为“五指山市区 ⇌ 阿陀岭 ⇌ 毛阳 ⇌ 水满 ⇌ 南圣 ⇌ 五指山市区 ⇌ 毛道 ⇌ 番阳 ⇌ 毛阳 ⇌ 五指山市区”，同时以 224 国道为中心设有 8 条骑行路线，长度不一，难度不同，充分满足了不同年龄层的骑行对象选择适合自身的最佳骑行线路的需要。

地址：五指山市

万宁兴隆慢行绿道 Q13

兴隆慢行绿道全长约 72 千米，以兴隆热带花园为中心，分成花海生态、雨林植物、乡野村落、侨乡文化和美食温泉五大风格迥异的绿道体验段。绿道通向各个农垦连队、村庄、森林和田园，沿线建成了 11 个驿站和不同特色农业园区的农家乐。游客可以凭“一票通”游览兴隆所有旅游点，包括拥有 3 400 多个植物品种的热带植物示范区——兴隆热带花园。

地址：万宁市兴隆区

邮轮旅游

邮轮就像一座在海上移动的五星级度假酒店。清晨欣赏海上绚丽的日出，沐浴灿烂的阳光，在蓝天碧海下与海鸟亲密接触；傍晚目送夕阳落入海面，开始享受多姿多彩的邮轮夜生活；夜晚头枕波涛进入梦乡，一夜之间来到异国他乡。

邮轮通常会在沿途的港口作短暂停留，登岸可游览当地的风光，体验不同的风土人情。对于年轻人，邮轮的时尚和奢华让人心情澎湃；对于老人，邮轮的安全和舒适让人体验到旅行的慢调；对于家庭，邮轮专门推出的家庭套餐让不同年龄结构的家庭成员都能享受到乐趣；对于新婚夫妇，最浪漫的莫过于在邮轮上度过一段具有浓郁海洋风情和异国情调的蜜月时光。如今，“休闲 + 邮轮”度假已成为海南旅游的首选。

海南是国内唯一同时拥有两个邮轮母港的省份。三亚凤凰岛国际邮轮母港开通了广州、香港至三亚再赴越南的邮轮航线；海口秀英港邮轮码头开通了海口至越南的邮轮航线。

邮轮生活

住宿：一般邮轮舱房分为四种：内舱房、海景房、露台海景房和套房，价格会有所区别。

美食：豪华邮轮都设有多个餐厅、咖啡厅、酒廊。餐厅有中式和异国之分，围桌和自助餐之分，室内和甲板之分，免费和付费之分。

购物：出境的豪华邮轮上一般设有免税店，有多个国际顶级品牌进驻其中。

休闲：豪华邮轮上都设有影院、歌舞厅、健身房、水疗馆甚至博彩等娱乐场所。

海南邮轮港

三亚凤凰岛国际邮轮母港

凤凰岛国际邮轮母港是目前中国设施最齐备的专用邮轮港口，已成为亚洲最大的国际邮轮专用港口，已经投入运营的有 1 个 8 万吨级邮轮泊位、2 个 15 万吨级泊位和 2 个 22.5 万吨级泊位，同时建成的还有 5 个养生度假公寓酒店（含产权式酒店）。三亚 ⇌ 西沙群岛的邮轮航线和香港 ⇌ 三亚 ⇌ 越南、三亚 ⇌ 越南的邮轮航线从此始发和经停。未来，凤凰岛将发展成为一个邮轮之都、海港之城、梦幻之岛。

海口秀英港邮轮码头

海口港是交通部规划的全国 25 个主要港口之一。其中的秀英港国际邮轮中心（码头）有两个可靠泊国际邮轮的泊位，17 号泊位设计靠泊能力为 5 万吨级，20 号泊位设计靠泊能力为 7.5 万吨级。秀英港已启动扩能改造工程，计划近期布置 1 个 15 万至 22.5 万吨级邮轮泊位，最终扩改为具有 10 万吨级的邮轮靠泊能力的泊位，并逐渐形成联检通关、旅游观光、休闲度假、商务会议等一条龙配套服务体系。

邮轮旅游接待旅行社

海南康泰旅游股份有限公司

电话：0898-65231330

海南嘉博青年国际旅行社有限公司

电话：0898-66773311

中国国旅（海南）国际旅行社

电话：0898-31982847

海南海王国际旅行社有限公司

电话：0898-66523950

海南南湖国际旅行社有限公司

电话：0898-66662220

海南惠众国际旅行社有限责任公司

电话：0898-65227788

海南春秋国际旅行社有限公司

电话：0898-66667878

海南中职国际旅行社有限公司

电话：0898-66754742

中国西沙邮轮旅游

在中国的最南端，碧波万顷的南海中，散落着一片像朵朵莲花、颗颗珍珠般的岛屿，那就是充满神秘色彩、令所有中国人向往的西沙群岛。西沙，有着蓝天白云，葱绿树木，蓝绿色的大海，以及白色的珊瑚沙滩，缤纷的海底世界。它璀璨、旖旎，如梦幻中的伊甸园。

西沙群岛自古以来就是中国领土，古称“千里长沙”。西沙是中国及东北亚至东南亚和印度洋海上航线的必经之路，被誉为中国的“马尔代夫”。目前西沙已经开放邮轮旅游，游客可以游览永乐群岛的全富岛、鸭公岛和银屿。

航程

始发港：三亚凤凰岛国际邮轮母港

航程：三亚 ⇌ 西沙，单程 182 海里（337 千米）

航行时间：

第一天 16: 00 从三亚启航

第二天 8: 00 到达西沙

第三天 16: 00 从西沙返航

第四天 8: 00 抵达三亚

主权三沙 幸福三沙 美丽三沙

邮轮规格

“南海之梦号”

微信公众号：“南海之梦乐游西沙”，查询近期航班、舱位及价格等资讯

电话：0898-88227739

总吨位： 24 629

甲板层： 10 层

船长： 169.5 米

船宽： 25.2 米

航速： 18.5 节

满载吃水： 6.1 米

最大载客量： 721 人

“长乐公主号”邮轮

微信公众号：“西沙旅游直通车”，查询行程、航班、舱位及价格等资讯

电话：0898-88246548

总吨位： 12 336

船长： 119 米

船宽： 20.5 米

航速： 16 节

满载吃水： 5.4 米

最大载客量： 499 人

陆岸旅游

全富岛——粉色的小岛

全富岛是一座无人小岛，因周围海域水产丰富而得名。全富岛现东西长约 360 米，南北宽约 240 米，岛上全是粉白色、细软的珊瑚沙，沙滩平缓，沙脊出水时海拔高度也只有 1 米左右，台风时，岛形常常会发生变化，十分有趣。

鸭公岛——清脆的小岛

鸭公岛因形似鸭子而得名，面积约 0.01 平方千米，海拔 1—3 米。鸭公岛四周环礁分布的范围极大，岛上多为敲击后能发出脆响的珊瑚和贝壳形成的粗砾，几株羊角树顽强地生长，100 多位琼海潭门渔民常年驻守在此捕鱼。

银屿——玻璃海的小岛

银屿位于鸭公岛东北，是面积约为 0.01 平方千米的一座小沙洲，海拔只有 2 米多，涨潮时大部分会被淹没。银屿沙滩细平，周围海水晶莹如玻璃，有 20 多位渔民常年在此居住、捕鱼。

越南邮轮旅游

越南，没有高楼林立的视觉逼迫，亦无熙熙攘攘的车辆拥堵。在下龙湾的游船上凭栏远眺，一幅如桂林山水的长卷在祖母绿宝石般的海面上徐徐展开；慵懒地躺在水天一色的芽庄的沙滩上，犹如在马尔代夫的海边；会安古城的街头，法国梧桐树被阳光勾勒出金边，一家家青藤缠绕、鲜花盛开的咖啡馆里，滴漏咖啡跃入杯子的旋律宛若天籁。一脉相承的黄种人、林林总总的风味小吃……异国异客却似曾相识，这就是越南。

下龙湾

下龙湾是位于越南北部广宁省鸿基市的海湾。在 1 500 平方千米的海面上，星罗棋布地伸出 3 000 多座石灰岩形成的小岛，姿态万千，如诗如画，被称为“海上桂林”，也是“世界新七大自然奇观”之一，被联合国教科文组织作为自然遗产列入世界遗产名录。

岘港

岘港是位于越南中部广南省的一座深水港，是越南的海军基地。岘港北连顺化、南接芽庄，辖区内有俊秀的大理石山（五行山）、会安古城及世界最古老的石雕艺术博物馆——占族博物馆。会安古城曾是公元前 5 世纪至 18 世纪占婆王国时期的一座港口，在长达一千多年的时间里，中国、日本及其他亚洲各国的商船来此进行贸易交流、居住生活，这里由此成为当时东南亚最重要的贸易交流中心。现今会安古城里依旧保留着许多中式、日式、法式的古建筑，被联合国教科文组织作为文化景观列入世界遗产名录。

圣子修道院

圣子修道院又称“美山塔寺群”“美山圣地”，位于越南中部广南省维川县，曾是越南古代占婆王国祭祀过往君主和神灵的印度教圣都。7 世纪至 13 世纪的繁盛时期，这里曾有 70 多座精美绝伦的建筑，后来历经战争，如今只有 20 座保存下来且经修复的建筑遗迹，被联合国教科文组织作为文化景观列入世界遗产名录。

顺化

顺化是越南中部承天顺化省的省会，也是古代越南的三朝古都。在顺化，美丽的香江穿城而过，著名的景点有皇城、皇陵、天姥寺塔、御屏山等，这些历史建筑群被联合国教科文组织作为文化与自然双重遗产列入世界遗产名录。皇城是越南现存最大、最为完整的古建筑群，完全仿照北京的故宫而建，颇为壮观；皇陵一共有 9 座，从这些陵墓的布局中，我们能看出中国陵墓建筑对越南的影响。

芽庄

芽庄位于越南中部沿海地区的庆和省，海滨白色柔软的沙滩一望无际，海底有千姿百态的珊瑚，素有“东方马尔代夫”之称。芽庄的主要景点有芽庄海滨、珍珠岛、冲洛、婆那加占婆塔、大教堂、红石角、妙岛等。

菲律宾邮轮旅游

菲律宾位于西太平洋，是东南亚一个群岛国家，共有岛屿 7 000 多个，其中吕宋岛和棉兰老岛是菲律宾两座大岛。菲律宾也是一个多民族的国家，融合了印度、华夏和伊斯兰等文化。菲律宾人的祖先来自亚洲大陆，曾在 14 世纪建立了苏禄王国。菲律宾于 1565 年沦为西班牙殖民地，1898 年 6 月 12 日宣告独立，同年美西战争后，菲律宾被美国占领。第二次世界大战中，菲律宾被日本侵占，战后被美国重占。1946 年 7 月 4 日，菲律宾共和国宣告独立。

邮轮配套服务

支付：出境邮轮支持现金和国际信用卡两种付款方式，也可使用客房钥匙卡记账，离船前结账。

通信：邮轮上使用 Wi-Fi、卫星电话、传真服务、传送电子邮件都需要付费。

饮水：邮轮上水龙头流出来的水可以安全饮用，也有固定热水间提供热水。

医疗：邮轮上设有医务中心，于每日指定时段开放，提供基本的配药服务。

充电：邮轮客房内一般提供 110W 或 220W 的电源插座，在管家部可租借流动适配器，也可自行携带充电宝或国际多功能插头。

安全：邮轮上禁止在房间内燃烧物品和吸烟，禁止使用任何加热设备，如电熨斗、电水壶、加热棒等。

服务费：依据国际惯例，外籍邮轮公司通常按住宿天数向客人收取服务费。

马尼拉

马尼拉是菲律宾的首都，是亚洲最欧化的城市，被称为“亚洲的纽约”。马尼拉历史悠久，曾被西班牙和美国殖民统治 375 年，保留了大量的西班牙时期的古堡和教堂。这里还有全球最大的唐人街和融合中西文化的罗哈斯滨海大道，“东西合璧”的格调在马尼拉这座城市中体现得淋漓尽致。

佬沃

佬沃是菲律宾吕宋岛西北方的临海城市。小城里随处可见西班牙式教堂、钟塔和花园式的民宅，充满了欧洲古典情调。

苏比克

苏比克位于菲律宾第一大岛吕宋岛的西南部，风景十分优美。苏比克湾长 14 千米，水深达 24—50 米，有良好的锚地。

长滩岛

长滩岛是菲律宾中部西米沙鄢群岛中的一座岛屿，也是菲律宾的旅游胜地之一。长滩岛的海滩被誉为“世界七大美丽沙滩”之一，以其独特的细腻如面粉的白沙而出名。